Sven Frotscher

Burg Falkenstein und Schloß Meisdorf

Museen
Sammlungen
Denkmale

EDITION LEIPZIG

Inhalt

Falkensteiner Brakteat

Fräuleinsgang im Frauenhaus

Was man wissen sollte

Anschrift:	Museum Burg Falkenstein 06543 Burg Falkenstein Telefon/Fax: 034743/81 35
Anfahrt:	B 242 Abfahrt Meisdorf, B 180 Abfahrt Sylda, B 185 über Ballenstedt oder Ermsleben, großer Parkplatz mit Buswendeschleife, von da an ein wunderschöner Spaziergang (20 Minuten) zu Fuß durch den Wald, vom Frühjahr bis zum Herbst auch mit dem Kremser möglich
Öffnungszeiten:	Dienstag bis Freitag: 9.00-17.00 Uhr Samstag/Sonntag: 9.00-18.00 Uhr November bis Februar: 9.00-16.00 Uhr
Führungen:	nach Voranmeldung
Informationen:	Broschüren, Bücher, Postkarten und Souvenirs an der Kasse
Veranstaltungen:	Konzerte
Dienstleistungen:	standesamtliche und kirchliche Trauungen (beide Konfessionen), Taufen, Gottesdienste, Vermietung repräsentativer Räume
Fotografieren:	gegen Gebühr erlaubt
Eintritt:	wird erhoben, Ermäßigungen und Gruppentarif möglich
Übernachtung:	»Hotels im Park Meisdorf« (Schloß Meisdorf und Forsthaus, Firstclass-Hotelanlage mit luxuriös ausgestatteten Zimmern und Suiten, drei Restaurants, Sportanlagen, Kinderbetreuung, umfangreiche Tagungsmöglichkeiten) sowie das »Familienhotel Thalmühle«, Gasthöfe »Zum Falken« und »Leinemühle«, Jugendherberge Meisdorf

Feuersalamander

Sachsenspiegel: Fürsten beim Eid vor dem König (o), Säumige müssen zahlen (u)

Die Geschichte

Burgenbau im Harz

Über 18 000 Burgen und Schlösser gibt es in Deutschland. Mehr als 500 Befestigungen befinden sich allein im Harz. Sie gehören zu den beliebtesten Reisezielen, weil sich hier in besonderem Maße Naturschönheit und deutsche Geschichte miteinander verbinden. Karl der Große erklärte im Jahre 775 n.Chr. den Harz zum sogenannten Reichsbannforst. Dies bedeutete, daß nur der König über Jagd, Forst, Rodung und Besiedlung zu gebieten hatte. Das galt natürlich erst recht für den Burgenbau, der noch bis ins 11. Jahrhundert hinein alleiniges Privileg des Königs war und nur mit seiner Genehmigung geschehen durfte. Unter Heinrich IV. (1050-1106) wurde das Gebiet zum Ausgangspunkt für Kolonisation und Christianisierung der Gebiete östlich von Saale und Elbe. Außerdem war der Harz als eine der größten zusammenhängenden Grundherrschaften für den König ein wichtiges Rückzugsgebiet in Krisenzeiten. So ist es nur zu verständlich, daß Heinrich einen Ring von Burgen und Befestigungsanlagen um den Harz erbauen ließ. Das Selketal spielte dabei eine wichtige Rolle, denn dort führte die Selkestraße über die Alexander- und die Clausstraße bis hin zu den Städten Braunschweig und Goslar. Nur so ist es zu erklären, daß beiderseits der Selke mehr als acht Befestigungsanlagen errichtet wurden:

- Befestigungsanlage auf dem Bartenberg (Grundfläche 1,5 Hektar, 7. bis 5. Jahrhundert v.Chr.)
- Burg Anhalt auf dem Hausberg (Grundfläche etwa 50 mal 90 Meter, 11. bis 15. Jahrhundert)
- Heinrichsburg (etwa 600 Meter nördlich von Mägdesprung, Ersterwähnung 1290)
- Ackeburg (oberhalb der Selkesicht am linken Ufer, im 13. Jahrhundert errichtet)
- Hohe Warte (gegenüber der Selkemühle, keine Datierungshinweise)
- Befestigungsanlage auf dem Goldberg (südlich von Meisdorf, späte Bronze- bis frühe Eisenzeit)
- Alter Falkenstein (etwa 1,8 Kilometer westlich vom neuen Falkenstein, 11./12. Jahrhundert)
- Neuer Falkenstein (auf dem Schloßberg, erste Bauten nach 1115).

Bleiglasfenster im Rittersaal,
zwei Ritter mit den Wappen und Standarten
des Grafen Friedrich von der Asseburg und denen seiner Frau,
Margarethe von Massow, 1935/36

Rekonstruktionszeichnung des alten Falkensteins
auf der Basis der Fundament- und Mauerreste
der ursprünglich bebauten Vorder- und Kernburg;
die Oberbauten sind hypothetisch.

Die durch zahlreiche alte Wagenspuren, die sogenannten Hohlwege, noch heute an beiden Seitenhängen erkennbare Selketalstraße verband nicht nur das alte Siedlungsgebiet um Meisdorf und das Harzvorland mit den Zentren jenseits des Harzes.

Sie war außerdem ein Abzweig der Fernhandelsstraße Halle–Braunschweig, auf der teilweise bis Skandinavien und zum Balkan Salz, Pulver und Rohstoffe aus dem Harz exportiert wurden. Auf einem strategisch wichtigen Bergsporn an der Scheide zwischen dem schmalen und dem weiten Selketal ließ Heinrich IV. eine kleine befestigte Straßenstation – den alten Falkenstein – errichten. Es handelte sich dabei um eine ovale Höhenburg. Ein schmaler Kammweg führte zur Burg. Mehrere quer verlaufende Halsgräben sowie ein Ringgraben versperrten den Feinden früher den Zugang. Heute kann man noch die Gräben und einige Mauerreste erkennen (S.9).

Die Lage des alten Falkenstein auf diesem Bergsporn ist urkundlich zwar nicht belegt, jedoch nach allen bisher verfügbaren Informationen sehr wahrscheinlich (beispielsweise Keramikscherben aus dem 11. Jahrhundert u. a.).

Die Zerstörung des alten Falkensteins nach der Schlacht am Welfesholz

Die Zerstörung des alten Falkensteins fällt in die Zeit des Investiturstreites und hängt mit ihm unmittelbar zusammen. Im Reichskirchensystem der Ottonen und Salier besaßen die Könige mit den von ihnen selbst eingesetzten Bischöfen eine gewaltige politische Stütze in den verschiedenen Reichsgebieten. Die Bischöfe wurden im Gegenzug mit Hoheitsrechten und Grund und Boden (dem sogenannten verliehenen Reichsgut) ausgestattet. Kirchliche Reformbewegungen bekämpften jedoch die Vergabe von Kirchenämtern gegen Geld. Im Zusammenhang mit dem Streit um die Neubesetzung des Mailänder Erzbischofs machte sich der Papst diese Ideen zunutze und verbot im Jahre 1078 bei Strafe des Kirchenausschlusses die Einsetzung von Bischöfen durch den König. Heinrich versuchte, sich durch Unterstützung des niederen Adels eine neue politische Machtbasis aufzubauen. In diesem Zusammenhang erhielt wahrscheinlich der Edelfreie Burchard das Privileg, sich bei Ermsleben eine Burg zu bauen, die Konradsburg.

Der Ausgang des Investiturstreites war noch nicht entschieden, als sich der Sohn Heinrichs, der spätere Heinrich V. (1086-1125), aus Angst, die ihm versprochene Königsnachfolge zu verlieren, im Jahre 1104 an die Spitze einer Fürstenverschwörung gegen seinen eigenen

Wallgraben vor der Kernburg des alten Falkensteins

Vater stellte und offiziell auf die Investitur durch den König im Falle seiner Wahl verzichtete. Dies wurde in einem Vertrag mit dem Papst schriftlich festgehalten. Im Gegenzug sollten die Bischöfe das verliehene Reichsgut zurückgeben. Dieser Vertrag scheiterte jedoch an dem erbitterten Widerstand der Bischöfe, die durch den möglichen Verlust ihrer Güter erhebliche Einkommenseinbußen befürchteten. Im Jahre 1111 suchte Heinrich V. sein Heil in der Flucht nach vorn; er nahm den Papst Paschalis II. gefangen und erzwang so das Investiturrecht, auf das er ursprünglich aus taktischen Gründen verzichtet hatte. Dagegen stellte sich nun der Hochadel, der Ansprüche auf die bischöflichen Hoheitsrechte und Lehnsgüter erhob.

Der erst 1106 durch König Heinrich V. zum Herzog von Sachsen erhobene Lothar von Supplinburg stellte sich an die Spitze einer Verschwörung gegen Heinrich und besiegte ihn in der Schlacht am Welfesholz im Jahre 1115. Nach diesem Sieg wurden die kaiserlichen Zwingburgen bis auf die Grundmauern abgebrochen. Über die Zerstörung des alten Falkensteins heißt es im Annalista Saxo:

Dux Liuderus ad iniuriam Hermanni comitis Valkenstein et Walehusen propter latrocinia et predas, que inde fiebant, destruxit.	Herzog Lothar (tat) zur Strafe des Grafen Hermann Falkenstein und Wallhausen wegen der Übergriffe und Bedrückungen, die von dort ausgingen, zerstören.

Nach dieser Niederlage führte Heinrich noch bis 1121 Verhandlungen mit dem Hochadel über dessen neue Rechte und Pflichten. Der Adel durfte sich nun jederzeit verbünden, wenn der König gegen einen Adligen vorging. Bedeutende Königsbefugnisse wie das Vogteirecht über Klöster und Stifte sowie das Recht, Burgen zu bauen, wurden jetzt auch auf den Adel übertragen. Damit war der Harz nur noch mit dem Jagdbann belegt. Von allen Seiten besetzten die Harzgrafen wichtige Bergsporne und befestigten diese. Im Selketal entschied sich Burchard von der Konradsburg aus Ermsleben für den Schloßberg, um sich eine neue Burg in strategisch günstigerer Lage zu errichten.

Die neue Burg Falkenstein – eine Grafenburg auf dem Schloßberg

Der Ort für den neuen Burgenbau war sorgfältig ausgewählt. Es bestand Sichtverbindung zur Stadt Ermsleben; die Sattelfläche des Sporns war groß genug, um eine mittlere Burg aufzunehmen. Auf dem tiefer im Harz gelegenen und strategisch noch günstigeren Bergsattel thronte bereits die Burg Anhalt, und die Fläche des alten Falkensteins war zu klein für eine Wehr- und Wohnburg. Nach 1115 begann der Bau. Kammweg und Berghänge wurden zunächst kahlgeschlagen. Vielleicht mußte die Bergspitze zu einer Fläche für den Burghof abgetragen werden. Sicher gab es anfangs nur kleinere Holzbauten. Durch die zahlreichen späteren Umbauten ist es heute schwierig, die Gründungsanlage vollständig zu rekonstruieren. Außer der Tatsache, daß die Fundamentbauten der Kapelle, des Herrenhauses und des Bergfrieds sowie die Zisterne aus der Romanik stammen, sind alle weiteren Hypothesen nicht zu belegen. Die ältesten Steinbauten (Unterbauten für Herrenhaus und Kapelle) wurden an das Hochplateau von außen angebaut. Dadurch ersparte man sich das Eintiefen eines Kellergeschosses.

Der Name der neuen Burg – Falkenstein

Die Namensbildung orientierte sich im Mittelalter entweder am Beruf oder am Herkunftsort. Für den Adel galt der tatsächliche Wohnsitz als Nachname. Da der Wohnsitz Burchards wechselte, mußte auch der Name sich ändern. Falkenstein war im Mittelalter ein beliebter Name. Noch heute kennen wir über 25 Burgen, Schlösser und Befestigungen, die im deutschsprachigen Raum den Falken in ihrem Namen führen; sie wurden überwiegend im 12. und 13. Jahrhundert gegründet. Dies könnte mit der damals sehr bedeutsamen Falkenbeize (dem Abrichten eines Greifvogels zum Beißen des Opfers) zusammenhängen, die aus dem Orient kam. Das Amt des Oberfalkenmeisters war eines der wichtigsten Ämter am Königshof. Der Falke (althochdeutsch: falco; mittelhochdeutsch: valke) galt als »Ritter der Lüfte«; ihn für die Jagd abzurichten, gehörte zu den sieben Ritterkünsten:
- Reiten
- Schießen mit dem Bogen
- Schießen mit der Armbrust
- Beizen
- Schachspiel
- Dichten
- Singen.

Der in den Urkunden belegte Namenswechsel von Burchard von der Konradsburg zu Burchard von Falkenstein setzt mit dem Jahr 1120 ein. Vielleicht waren damals die ersten Wohnbauten auf der neuen Burg fertig geworden. Allerdings nannte sich Burchard erst seit 1142 ausschließlich von Falkenstein. Im Jahre 1155 tauchte zum ersten Mal die Bezeichnung Comte de Valkenstein, also Graf von Falkenstein, auf. Dabei handelte es sich nicht um eine vermeintliche Grafschaft Falken-

Brakteat Burchards von Falkenstein (1142-1174)

stein, der Bergsporn war ja wegen der mißlichen Lage des Königs einfach eingenommen worden. Vielmehr hatte Burchard durch Heirat oder Verleihung die Grafschaft Wolmirstedt südlich der Ohre erworben und durfte sich nun Graf nennen. Erst 1840 wurde das Falkensteiner Gebiet durch den preußischen König zur Grafschaft erhoben.

In den Urkunden des 12./13. Jahrhunderts wechseln auch die Schreibweisen des Namens: Valkensteyn (1144), Valchensteine (1152), Ualkenstein (1209), Valkensten (1223).

Die Falkensteiner bis zum Aussterben des Geschlechts im 14. Jahrhundert

Beginnend mit Agino von Kakelingen im Jahre 944 n.Chr. umfaßt das Geschlecht bis zum Aussterben 1334 zwölf Generationen. Die Falkensteiner erhielten zwar mit Burchard I. die Grafenwürde, sie bekamen ihr Lehen jedoch nicht direkt vom König, sondern von den Markgrafen von Brandenburg, den Erzbischöfen von Magdeburg und den Bischöfen von Brandenburg; sie galten deshalb als Vizegrafen. In der Ständeordnung wurden die Falkensteiner weiterhin zu den Edelfreien gezählt, während die sogenannten gefürsteten Grafen zum Fürstenstand gehörten.

Zu den bedeutenden Falkensteinern zählen zweifellos Otto I. (erwähnt 1173-1200) und sein Sohn Hoyer II. (erwähnt 1211-1266). Otto war Advocatus (Vogt) für das Stift und die Stadt Quedlinburg.

Die Advocati hatten besonders bei Stiften mit solch umfangreichen Gütern wie Quedlinburg (Ländereien in der Mark Brandenburg, in Thüringen und in Lüneburg) mehrere Aufgaben. Sie regelten die weltlichen Dinge des Stiftes und zeichneten für die hohe Gerichtsbarkeit über Leib und Leben verantwortlich, während die kleine Rechtssprechung von Untervögten wahrgenommen wurde. Außerdem übten die Advocati die Aufsicht über sämtliche Abgaben und Dienstleistungen im Stift aus und fungierten als praefecti urbis, also als oberste Richter der Stadt.

In seiner Funktion als Stiftsvogt erwarb sich Otto den Ruhm eines bekannten Rechtsgelehrten seiner Zeit. Das Vogteirecht war bei einem Reichsstift wie Quedlinburg erblich. Nach dem Tode Ottos ging es deshalb zunächst an seinen ältesten Sohn Burchard IV. und nach dessen Tod im Jahre 1215 an Hoyer über (S. 14). Die Äbtissin des Stifts, Sophie von Brehna, lehnte sich in den zwanziger Jahren des 13. Jahrhunderts gegen den Schutzvogt Hoyer auf. Eine solch wichtige Angelegenheit kam vor die Reichstage zu Nordhausen und Eger (1223) – die Äbtissin wurde kurzerhand für abgesetzt erklärt. Jedoch erst nach Kämpfen um Quedlinburg und einem Vergleich aus dem Jahre 1225 erhielt Hoyer wieder die vollen Vogteirechte. Besonderen Ruhm erwarb er sich als maßgeblicher Förderer des ersten deutschen Rechtsbuches – des Sachsenspiegels. Diese umfassende und systematisch geordnete Rechtssammlung stellte der Schöffe Eike von Repgow zwischen 1220 und 1235 zusammen (s. Kapitel Der Sachsenspiegel).

Hoyer verkaufte 1237 die mit umfangreichen Einkünften ausgestatteten Vogteirechte an das Stift. Es kann nur vermutet werden, daß nicht wenig Geld aus diesem Verkauf in den weiteren Ausbau des Falkensteins geflossen ist. 1310 starb schließlich der letzte weltlich gebliebene Sohn des Grafen Otto IV. (1281-1323), Friedrich Graf von Falkenstein. Neben dem 1287 frühverstorbenen Albert gab es noch drei Brüder, die als Domherren in Magdeburg, Hildesheim und Halberstadt wirkten und deshalb dem Zölibat verpflichtet waren. Wegen der daraus resultierenden Gefahr des Aussterbens des Falkensteiner Geschlechts bat Otto seinen jüngsten Sohn Burchard VII. (erwähnt 1287-1334), mit der Genehmigung des Papstes aus dem kirchlichen Amt zu scheiden. Burchard folgte diesem Rat und heiratete im Jahre 1324 eine Frau namens Hedwig. Diese schenkte ihm eine Tochter, Lutgard (genannt Luckele). Wenig später starb seine Gemahlin, und das Kind wurde von einem Kloster aufgenommen. Die schweren

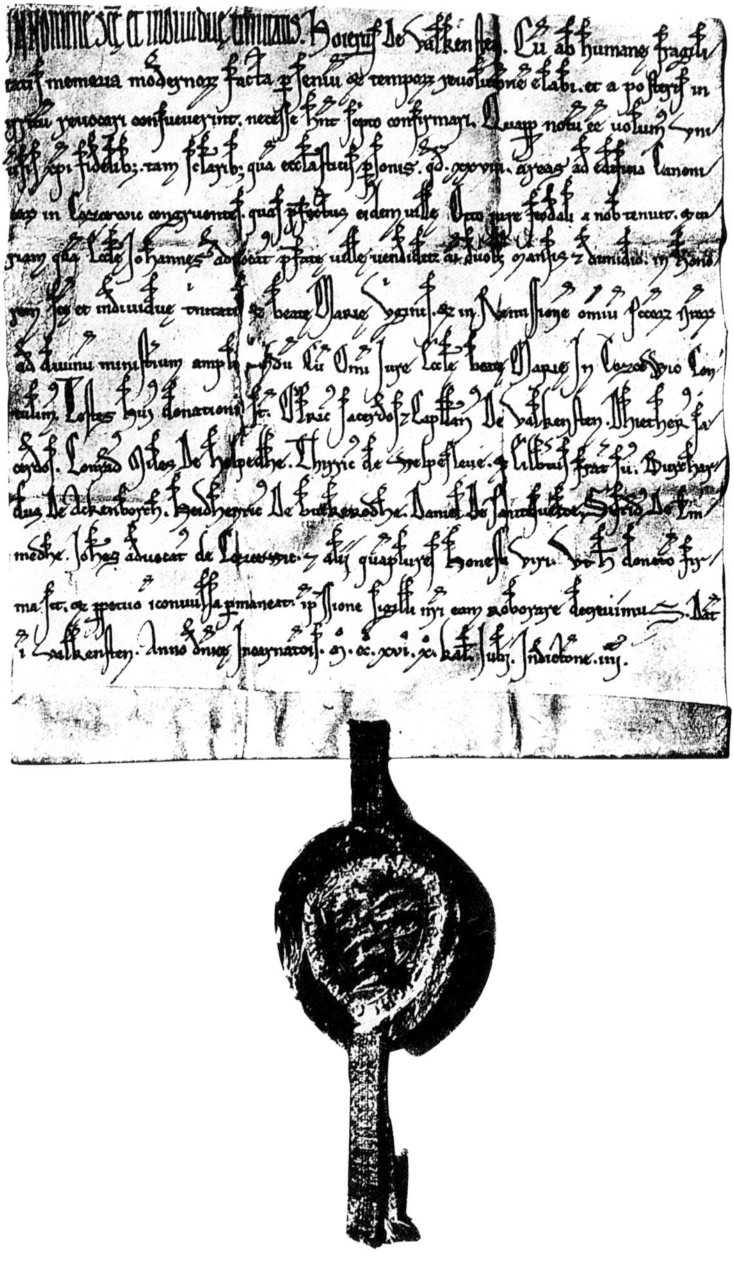

Urkunde Graf Hoyers II. von Falkenstein (erwähnt1211-1266), 1216

Schicksalsschläge veranlaßten Burchard, seine Stammgüter Ermsleben und Falkenstein mit den dazugehörigen Dörfern, Wäldern und allen Untertanen am 18. Januar 1332 gegen eine Leibrente und freies Wohnrecht an den Bischof Albrecht II. von Halberstadt zu überschreiben.

Burchard hatte für die Abtretung die Zustimmung seiner Mutter, Lutgard Prinzessin von Anhalt, eingeholt, nicht jedoch die seiner Schwester Oda. Daraus sollte sich nach dem Tode Burchards im Jahre 1334 ein folgenschwerer Streit entwickeln.

Der Streit um den Falkenstein

Oda war mit Albrecht Graf von Regenstein verheiratet und hatte mit ihm einen Sohn Bernhard. Albrecht besaß bereits die Rammelburg und den Arnstein in unmittelbarer Nähe des Falkensteins. Er focht die Schenkung mit der Begründung an, Bernhard hätte als Sohn einer Gräfin von Falkenstein und damit als Erbberechtigter für diesen Besitzwechsel seine Einwilligung geben müssen.

Die Angelegenheit kam vor das Gericht des Herzogs Otto von Braunschweig und wurde im Jahre 1335 folgendermaßen beschieden: Albrecht Graf von Regenstein war gehalten, die Erbansprüche seines Sohnes schriftlich nachzuweisen; solange sollte die Burg in der Hand des Bischofs verbleiben. Dieser Beweis konnte nicht angetreten werden, und so beschloß der als »Raubgraf« bekannte Albrecht, den Falkenstein militärisch einzunehmen. Bischof Albrecht II. befestigte jedoch die Burg rechtzeitig und besetzte sie mit Burgmannen, so daß der Raubgraf leer ausging. Quedlinburger Bürger nahmen ihn später gefangen und sperrten ihn in den berühmten noch heute erhaltenen Raubgrafenkasten. Auf Betreiben des Bischofs wurde Albrecht von Regenstein 1349 ermordet. Bischof Albrecht II. hatte den Falkenstein bereits 1332 an sein Domkapitel verpfändet. Er wurde ausschließlich als Lager- und Verarbeitungshof für die Zehnten und andere Abgaben genutzt und verfiel zusehends.

Die Zeit war gekennzeichnet von Fehden und Plünderungen. Überall im Halberstädter Bistum existierten Burgen, von denen aus die Raubritter die Landstraßen unsicher machten. Hungersnöte sowie die großen Pestepidemien taten ihr übriges. So ist es nicht verwunderlich, daß von dem Nachfolger Albrechts II., dem Bischof Burchard III., berichtet wurde, »er saß 25 Jahre auf Disteln und Dornen«. Er verpfändete die Burg im Jahre 1427 aus Geldnot für zwölf Jahre an die mächtigen Grafen von Mansfeld. Diese waren dadurch zu den zweitgrößten Lehnsbesitzern im Vorharz geworden, und so erwuchs dem

Bischof eine direkte Machtkonkurrenz. Aus diesem Grunde löste Burchard bereits zwei Jahre vor Ablauf des Vertrages das Pfand wieder ein.

Die Asseburger auf dem Falkenstein

Die Asseburger sind ein altes Adelsgeschlecht mit Stammsitz auf dem Höhenrücken der Asse im Nordharz bei Wolfenbüttel. Als ältestes, urkundlich belegtes Mitglied der Familie gilt Wittekind von Wolfenbüttel (erwähnt 1090 - 1118). Berühmtheit erlangten die Asseburger im 13. Jahrhundert durch Gunzelin I. (1187 - 1255). Er diente als Reichstruchseß, hatte also die Aufsicht über die fürstliche Tafel unter Otto IV. (1175 - 1218) und Friedrich II. (1194 - 1250). Inmitten des von Welfen beherrschten Gebietes ließ er als Parteigänger der Staufer im Jahre 1218 eine stark befestigte Burg errichten – die Asseburg (S. 17). Folgerichtig nannten sich seine Nachkommen Asseburger. Dem Gegenkönig zum staufischen Konrad IV., Wilhelm von Holland, verweigerte Gunzelin die Huldigung sowie die geforderte Herausgabe der Asseburg, und so entzog dieser ihm das Reichslehen und gab es an die Herzöge von Braunschweig. Nach dem Tode des Reichstruchseß belagerten die Herzöge die Burg drei Jahre vergeblich; erst nach finanziellen Zugeständnissen und freiem Abzug erklärte sich der Nachfolger Gunzelins, Burchard III., bereit, die Asseburg 1258 zu übergeben. Sie wurde bis auf die Grundmauern abgebrochen.

Damit waren die Asseburger ihres Stammsitzes beraubt. Über Jahrhunderte hinweg versuchten sie erfolgreich, neue Herrschaftsgebiete in der Magdeburger Börde und im Unterharz zu erlangen, den Falkenstein erhielten sie am 14. September 1437 von Bischof Burchard III. als wiederkäufliches Pfand. Bei der Auswahl des neuen Pfandnehmers spielte der Beistand, den dieses Geschlecht dem Halberstädter Bischof im Kampf gegen Hohnstein, Schwarzburg und Stollberg geleistet hatte, eine wichtige Rolle. Der Vertrag ist noch in seiner Rückbestätigung durch die Asseburger, dem sogenannten Revers, erhalten. Das Pfand wurde gegen die Zahlung von 630 Mark Braunschweigischer Währung zunächst auf 25 Jahre an die Asseburger Busso und Bernd sowie deren Vettern gegeben. Sie verpflichteten sich, in den nächsten zehn Jahren 2000 rheinische Gulden in der Burg zu verbauen, dort »wo die allergrößte Not ist«. Zwei Domherren kamen eigens auf den Falkenstein und legten fest, welche Teile erneuert werden müßten. Bereits zehn Jahre nach dem Vertragsabschluß wandelte Bischof Burchard gegen eine erneute Geldzahlung das wiederkäufliche Pfand in ein erbliches Lehnsgut um. Allein einige Jagdrechte sowie die Hälfte an

Matthäus Merian d. Ä.,
Ansicht der Ruine der Asseburg
Kupferstich aus der »Topografia von Braunschweig«, 1630

Gold- und Silberfunden behielt sich der Bischof für die Zukunft vor. Die Herrschaft Falkenstein war damit für die kommenden Generationen von Asseburgern gesichert und konnte zu einem umfangreichen Patrimonialgut ausgebaut werden. Inzwischen war Busso gestorben (1446), so daß Bernd (1389 - 1456) nach einem Vergleich mit seinen Vettern (diese erhielten dafür die Güter in Ampfurt, Hadmersleben, Oschersleben u.a.) alleiniger Besitzer des Falkenstein wurde. Aus heutiger Sicht bewahrte die Übernahme durch die Asseburger die Burg Falkenstein vor dem weiteren Verfall. Sie erhielt nun das von Mittelalter und Renaissance geprägte Aussehen, das ihr den Ruf einer der am besten erhaltenen Ritterburgen einbrachte.

Die bauliche Erneuerung begann mit der Errichtung eines Wohnhauses auf dem Steinfundament des alten Palas. Damit konnte Bernd seinen Wohnsitz auf dem Falkenstein nehmen, was er jedoch wegen seiner Verpflichtungen am sächsischen Hofe nur sehr selten getan haben mag.

Nach dem Tode Bernds im Jahre 1456 erbten seine Söhne Jakob und Hans die Burg. Bei der Güterteilung von 1472 erhielt Hans (1450 bis 1489) das Haus Falkenstein. Zwei Jahre zuvor hatten beide gemeinsam die Vorburg von den Brüdern Volkmar und Heinrich von Buggenrode zurückgekauft. Hans starb im Jahre 1489, sein Bruder Jakob bereits 1487. Aufgrund der Kinderlosigkeit Jakobs gelangte der Sohn von Hans, Bernd VI. (1451-1524), im gleichen Jahr in den Besitz der Herrschaft. Von ihm stammt die Sandsteintafel (S. 19) mit der Inschrift:

Bernt van der Asseborch · 1491

Die Tafel befindet sich heute in der Sakristei. Früher war sie in das Fachwerk des Küchenhauses eingelassen, und möglicherweise bezeugt sie die Vollendung des Flügels; es ist allerdings nicht sicher, ob die Tafel bereits zur Bauzeit eingemauert wurde. Der ursprünglich frei im Hof stehende Kamin wurde damals umbaut und ergänzte den Bereich von der Schildmauer zur Dirnitz zu einem geschlossenen Flügel mit drei Stockwerken. Bernd VI. trug den Beinamen »der Reiche«. Auf ihn soll die Sage von der Tidianshöhle zurückgehen. Danach fand ein Schäfer in einer Höhle Gold. Der Freiherr ließ ihn aus Neid blenden und wurde selbst verflucht.

Bernd soll im Zusammenhang mit den beginnenden Wirrnissen des Bauernkrieges um 1524 von seinem Diener erschossen und aus dem Fenster gestürzt worden sein; ob dies allerdings auf dem Falkenstein geschah, ist nicht bekannt. Da er keine Nachkommen hinterließ, erbten Heinrich III., Hans III. und Curd VI., Söhne des 1482 verstorbenen Bernd V., sowie Bernd VII. zu Neindorf und der Sohn des 1515 verstorbenen Ludwig II., Johann VIII., zu je einem Fünftel den Falkenstein. Diese unbefriedigende Situation führte zum verwandtschaftlichen Streit, den Erzbischof Albrecht von Magdeburg auf der Moritzburg in Halle schlichten mußte. Die Verhandlungen kamen erst 1531 zum Ende. Johann VIII. (1508-1567) nahm Amt und Burg Falkenstein in alleinige Verwaltung. Er baute auf der Burg im Jahre 1536 ein zweigeschossiges Wach- und Pforthaus direkt im Innern des Haupttores (Südzwinger) und später das Obergeschoß des Frauenhauses. Nach dem Tode der drei Miterben von Johann und Heinrich und der nunmehrigen Mündigkeit Heinrichs einigten sich beide, daß Johann noch sechs Jahre auf dem Falkenstein wohnen solle. Im Jahre 1557 hat Heinrich III. (1532-1573) dann den Falkenstein selbst übernommen. Er baute das Obergeschoß des Frauenhauses und ließ die Stuckmodelverzierungen des Rittersaales anbringen.

Die Ereignisse des Bauernkrieges erreichten auch den Harz. Die in ein Kloster umgewandelte Konradsburg wurde erstürmt und ausgeraubt, die Mönche vertrieben. Wertvolle Urkunden aus der Gründungszeit der Burg Falkenstein gingen dabei verloren. Über Plünderungen und Brandschatzungen auf der Burg selbst ist nichts überliefert; die Anlage war wohl zu stark befestigt.

Sandsteintafel Bernds VI. von der Asseburg
(1451-1524)
mit der Darstellung eines Wolfes,
dem Wappentier der Asseburger, 1491

Johann VIII. und Hans III. waren mit Martin Luther bekannt. Hans ließ Luther in Wallhausen am 1. Mai 1525 gegen die räuberischen und mordenden Bauern eine Predigt mit dem Titel »Sehet euch vor, vor den falschen Propheten« halten. Hans gehörte auch zu den vier Junkern, die Luther bei Altenstein in Thüringen gefangennahmen und auf die Wartburg begleiteten. Unter Johann soll Luther nach 1530 auch in der Kapelle auf dem Falkenstein gepredigt haben. Obwohl die Burg den Bauernkrieg weitgehend unbeschadet überstanden hatte, waren nicht wenige Dörfer gebrandschatzt und verlassen worden .

1566 zog Johann als Feldoberst vom Falkenstein aus, um in Ungarn gegen die Türken unter Sultan Suleiman zu kämpfen. Bei Tokay hatten seine Truppen bereits einen Pascha und sein Heer geschlagen, als Johann am 17. Mai 1567 entkräftet einer Verletzung erlag.

Heinrich III. starb am 9. April 1573 abends bei Tische an einem Schlaganfall »als er eben ... einige Löffel Suppe, ein weiches Ei und einen einzigen Trunk Bier zu sich genommen hatte«, wie die Chronik berichtet.

Adam Offinger,
Augustus I. von der Asseburg
(1545-1604),
1575,
Hinnenburg (Brakel)

Der Umbau der Burg zum Wohnschloß

Das Erbe traten seine vier Söhne Augustus I., Ludwig III., Asche und Hans Ernst an. Sie teilten den Besitz nach mehrjährigen Verhandlungen im Ampfurter Vertrag vom 12. September 1575 unter sich auf. Dieser Vertrag folgte schon dem seit der Reformation geänderten Erbrecht, das auch Zweitgeborene (Sekundogenitur) einbezog. Dadurch entstand bei den Adelsgeschlechtern ein System von Nebenlinien. Bei den Asseburgern erhielt Augustus I. (1545-1604) die Herrschaft Falkenstein sowie die Güter in Neindorf und wurde der Stifter der Meisdorf-Falkensteiner Linie des Geschlechts.

Seine erste Frau, Gertrud von Veltheim, starb bereits im Hochzeitsjahr 1574. Die zweite Hochzeit mit Elisabeth von Alvensleben feierte er im Jahre 1577 in Neindorf.

Augustus gab der Burg durch Neubauten, Renovierungen und Erweiterungen ihre heute sichtbare Baustruktur. Zu seinen Lebzeiten wurden das neue Brauhaus und das Amtshaus mit einem Bierkeller gebaut, der Bergfried erhöht und renoviert, die Kapelle mit Gestühl, Wandmalereien und neuen Fenstern versehen, die Hofstube errichtet sowie zahlreiche Stuckmodelverzierungen in der Burg angebracht. Außerdem ließ Augustus ein Brunnenhäuschen, einen Pferdestall und nahe der Selke eine neue Mühle (Thalmühle) errichten.

Die Erhöhung des Bergfrieds im Jahre 1592 (s. Rundgang) folgte kriegstechnischen Erfordernissen. Mit den neu erfundenen Radschloßbüchsen konnte man die Burg von der übersichtlicheren Höhe aus besser verteidigen. Außerdem wurden das Haupttor in doppelter Stärke neu aufgebaut und die Bastionen im Osten und Westen errichtet oder erweitert. Den alten Hauptzugang auf dem Kammweg versperrte nun eine Pfostenreihe.

Zum Amt Falkenstein gehörten in dieser Zeit etwa 1700 Hektar Ackerland und 4000 bis 5000 Hektar Wald. 243 Männer mußten Frondienste leisten. Sie wurden zu Bauarbeiten, Wein- und Wildfuhren sowie zum Hopfenpflücken eingesetzt. Nach dem Tode Augustus' im Jahre 1604 war von seinen vier Söhnen nur noch Busso V. (1586 bis 1646) am Leben und konnte das Erbe antreten. Unter seine Herrschaft fallen die Wirren des Dreißigjährigen Krieges.

Der Dreißigjährige Krieg

Der Dreißigjährige Krieg erreichte mit Wallensteins und Tillys Truppen 1625 die Halberstädter Gebiete. Zum Schutz der Burg standen deren Bewohner und angeworbene Söldner zur Verfügung: ein Amtmann, ein Schreiber, ein Brauer, ein Böttcher, ein Koch, ein Pförtner, ein Leutnant sowie Gesellen, Untertanen und drei Soldaten. Die gutgemeinte Vorsichtsmaßnahme hatte leider eine gegenteilige Wirkung. Die Verteidigungsbereitschaft wurde von Tillys Truppen unter Oberst Daniel von Hebron feindselig gedeutet.

Am 19. Dezember 1625 rückte von Hebron vor die Burg und verlangte die Übergabe. Die Burgmannen baten um anderthalb Tage Bedenkzeit, da der wohlgeborene Freiherr Busso abwesend war. Der Oberst lehnte brüsk ab und forderte die sofortige Öffnung der Burg. Schweren Herzens wurden die Tore freigegeben. Daraufhin besichtigte Oberst von Hebron den Falkenstein und bestimmte als Besatzungstruppen einen Leutnant, einen Fähnrich, einen Korporal und 20 Musketiere mit insgesamt 59 Pferden. Außerdem forderte er Kontributionen in Höhe von 118 Reichstalern von Busso, 513 Reichstalern von den Untertanen sowie nicht geringe Haferlieferungen. Die Einquartierung dauerte bis zum folgenden Jahr.

Der Krieg sollte jedoch noch mehr Unbill über den Falkenstein bringen. Als Besatzungstruppen wechselten Schweden und Kaiserliche einander ab: 1626 und 1630 belagerten kaiserliche, 1632 schwedische Soldaten die Burg. Dies alles geschah, obwohl Busso über Schutzbriefe (Salvia guardia) vom kaiserlichen Generalwachtmeister von Virmondt (1630) und von Tilly (1631) verfügte. Er suchte deshalb mit seiner ganzen Familie häufig Zuflucht auf seinen Gütern in Beyernaumburg.

Das Ausmaß der eingeforderten Lieferungen zeigt anschaulich, wie produktiv das Amt Falkenstein zur damaligen Zeit war. Das bayerische Dragonerregiment unter Oberst Johann Wolf erhielt im Jahre 1641 täglich (!): 633 Pfund Brot, neun Maß Wein (ein Maß = 1,07 Liter), 333 Pfund Fleisch, 322 Maß Bier, 1086 Pfund Hafer, 3210 Pfund Heu und 813 Bund Roggenstroh.

Im gleichen Jahr mußte Busso noch Forderungen vom Bistum Halberstadt und der Grafschaft Mansfeld erfüllen. Völlig verzweifelt schrieb er deshalb an die Regierung in Halberstadt: »nach Halberstadt solle er Korn und Geld liefern, an das Dragonerregiment Wolf desgleichen, der kaiserliche Obrist Moncaffe, der das Schloß Mansfeld belagere, verlange auch wöchentliche Lieferungen und die schwedische Besatzung im Schlosse fordere desgleichen, ... eines vierfachen Todes könne er doch nicht sterben!« Am Jahresende kamen Schweden und Kaiserliche gleichermaßen auf den Falkenstein, um die Burg vor den jeweiligen Feinden zu »verteidigen«.

Erst am 8. Dezember 1642 traf der erlösende Brief vom österreichischen Befehlshaber Oberst Gottfried Heister ein. Dort hieß es, »wenn die Schweden den Falkenstein verließen, würden auch die Österreicher ihn nicht wieder besetzen und er den Busso von der Asseburg als einen alten wohl renommierten Stiftsadligen und getreuen Landsassen in und mit den Seinigen schalten und walten lassen wolle«. Busso schickte nach Erhalt des Briefes eine Botschaft an den General Königsmark mit der Bitte, »daß doch nun die schwedische Besatzung in aller Stille, ohne ... Gewehre, wovon wenig übrig gelassen sei, auch Victualien und andere Sachen zurücklassen möchten«.

Darüber hinaus verpflichtete er sich zusammen mit dem Domkapitel von Halberstadt zur Hinterlegung einer Kaution von 10 000 Talern für den Fall, daß er die Österreicher in die Burg lassen würde. Am 15. Februar 1643 zogen die Schweden ab. Noch vor Beendigung des Dreißigjährigen Krieges starb Busso am 21. November 1646 im Alter von 60 Jahren.

Das Erbe Bussos traten seine Söhne Augustus II. (1617-1658) und Busso VI. (etwa 1626-1659) an. Interessanterweise war diesmal der gesamte Besitz unter den Erben verlost worden. Der älteste und der jüngste Sohn hatten das Glück auf ihrer Seite. Sie einigten sich darauf, den Falkenstein mit Gericht und Wald ungeteilt zu lassen.

Nur der jüngere Augustus lebte zunächst auf dem Falkenstein, wo auch seine fünf Töchter und sein kurz nach der Taufe verstorbener Sohn Busso Konrad zur Welt kamen. Später nahm Augustus seinen Wohnsitz in Meisdorf. Nach dem Tode der beiden Brüder erbte wegen fehlender männlicher Nachkommen (Busso VI. war kinderlos geblieben) eine Erbengemeinschaft der drei Söhne Bussos V. Burg und Amt. Erst 1668 pachtete einer der Brüder, Johann Bernhard I. (gest. 1682) von seinen Miterben den Besitz. Als Domherr von Halberstadt wohnte er sicher hauptsächlich in der Domherrenkurie. Nachdem der Falkenstein 1675 vollständig in seine Hände überging, ließ er ein Jahr später die alte Hofstube neu errichten (s. Rundgang). 1680 entstand das Wohnhaus des Hopfengärtners, das als Wirtshaus genutzt wurde.

Nach seinem Tod im Jahre 1682 setzte man Bernhard in der von ihm neu gebauten Kirche von Pansfelde bei. Seine Söhne, Johann Heinrich (1662-1689) und Erasmus Augustus (1668-1728), erhielten gemeinsam die Herrschaft Falkenstein. Nach seiner Hochzeit mit Sybilla Brigitta von der Asseburg-Wallhausen pachtete Johann Heinrich die zweite Hälfte von seinem Bruder. Sybilla stiftete den Barockaltar in der Meisdorfer Kirche. Johann Heinrich starb bereits drei Jahre später, so daß sich Erasmus Augustus den Falkenstein mit seinem Neffen Johann Ludwig (1685-1732) teilen mußte.

Diese Erbteilung zog für die Burg bauliche Veränderungen nach sich, da nach der Bauinventur in Anwesenheit eines Richters das Erbe räumlich streng getrennt wurde. Nur der Rittersaal wurde gemeinsam genutzt. Beide Herren residierten auf dem Falkenstein jeweils in dem Flügel, der ihrem Besitz (Pansfelde oder Meisdorf) zugewandt war. Aus dieser Zeit resultieren die noch heute verwendeten Bezeichnungen »Pansfelder Seite« und »Meisdorfer Seite«. Damit der minderjährige Johann Ludwig zusammen mit seiner Mutter die von ihnen bewohnte Burghälfte (Herrenhaus und alte Hofstube) nicht durch die Räume des Bruders hätten erreichen müssen, wurde im Jahre 1696 ein kleiner Fachwerkturm (S. 82) errichtet.

Am 29. Januar 1708 heiratete Johann Ludwig Anna Marie von der Schulenburg-Apenburg. Seine Hälfte der Burg war nicht mehr als Wohnraum für die neu gegründete Familie geeignet. Er ließ sich deshalb auf seinem Gut in Meisdorf ein Schloß errichten – die Galerie (s. Schloß Meisdorf). Johann Ludwig starb 1732 hochverschuldet. Insbesondere der langjährige Prozeß um die Übernahme der Silber- und Kohlenbergwerke in Meisdorf zehrte an Vermögen und Lebenskraft des Freiherrn. Erasmus Augustus wohnte noch bis zu seinem Tode im Jahre 1728 auf dem Falkenstein. Ihm folgte sein Sohn Johann Bernhard II. (1696-1743) für kurze Zeit. 1743 erbte dessen Bruder August Friedrich II. (1700-1761) die Herrschaft. Er verbrachte mit seinen beiden Schwestern Marie Katharine Sophie und Justine Wilhelmine den Lebensabend auf dem Falkenstein.

In die Zeit August Friedrichs fällt eine Begebenheit, die später von Gottfried August Bürger in einer Ballade dichterisch verarbeitet wurde: Im Mai 1757 wurde am Abend des Siegesfestes für den Prager Frieden ein Findelkind an der Pforte neben dem Tor der Burg ausgesetzt. Möglicherweise fiel die Wahl auf diesen Ort, weil das Kind so schneller vom zuständigen Gerichtsamt Falkenstein gefunden und damit vor dem sicheren Hungertod bewahrt werden sollte. Das Amt galt als am ehesten in der Lage, eine Patenschaft zu übernehmen. So geschah es auch. Wilhelmine und Katharine gaben dem Kind den Namen einer der Schwestern sowie den Nachnamen des Fundortes: Marie Katharine Pforten. Leider starb das Mädchen noch im frühen Kindesalter. Bürger, der in dem zum Amt gehörenden Dorf Molmerswende aufgewachsen war, griff 25 Jahre später diesen Stoff auf. In einer melodramatischen Ballade bezog er phantasievoll den Junker von Falkenstein als heimlichen Vater ein:

Von drüben herüber, von drüben herab,
Dort jenseits des Baches vom Hügel,
Blinkt stattlich ein Schloß auf das Dörfchen im Thal,
Die Mauer wie Silber, die Dächer wie Stahl,
Die Fenster wie brennende Spiegel.

Da trieb es der Junker von Falkenstein
In Hüll' und Füll' und in Freude.
Dem Jüngferchen lacht' in das Herzchen der Junker zu Roß
Im funkelnden Jägergeschmeide. (Auszug)

Bürger verarbeitete in seiner Ballade auch die Geschichte der Molmerswender Kindermörderin Marie Elisabeth Voigtländer und seine Erfahrungen als Justizamtmann von Altengleichen bei dem Prozeß gegen eine des Kindesmordes angeklagte Frau. Als Junker von Falkenstein vermutete man später sowohl August Friedrich als auch den Sohn

Johann Ludwigs, Achatz Ferdinand. Der langjährige Patronatspastor und verdienstvolle Asseburgforscher Max Trippenbach hat in umfangreichen Urkunden- und Kirchenbuchstudien nachweisen können, daß diese Deutung mehr als unwahrscheinlich ist. August Friedrich war zu diesem Zeitpunkt ein kranker alter Mann, und Achatz Ferdinand hielt sich zu der in Frage kommenden Zeit gar nicht in Meisdorf auf.

August Friedrich erlebte mit seinen Schwestern auch den Siebenjährigen Krieg auf dem Falkenstein. Die Burg war jedoch schon stark verfallen, so daß man davon absah, sie für den Krieg neu zu befestigen. Nach dem Tode Augusts am 21. Januar 1761 blieben die Schwestern noch bis zum Jahre 1762 zusammen mit ihrem Papagei auf der Burg, bevor sie in die Stifte Minden und Quernheim umzogen. An ihren Aufenthalt auf dem Falkenstein erinnern noch die Bezeichnungen Fräuleinsgang und Katharinenstube im Frauenhaus. Da August Friedrich keine direkten Nachkommen hinterließ, kam der Sohn Johann Ludwigs, Achatz Ferdinand (1721-1797), in den Besitz von Meisdorf und Falkenstein. Seit Jahrhunderten waren nun wieder beide Herrschaftsteile in einer Asseburger Hand vereint.

Ein Diplomat kommt nach Meisdorf

Als Achatz Ferdinand (S. 27) das hoch verschuldete Rittergut übernahm, stand er bereits im Ruf, ein weltgewandter und weitgeachteter Diplomat zu sein.

Bekannt wurde er auch durch seine erfolgreiche Vermittlung der Hochzeit Pauls I. von Rußland mit Wilhelmine von Hessen-Darmstadt. Der diesbezügliche Auftrag der russischen Zarin Katharina stellte einen hohen Vertrauensbeweis dar. Achatz Ferdinand reiste in der Angelegenheit nach Württemberg, Meiningen, Coburg, Darmstadt, Hanau, Stuttgart und Roda. Die Suche gestaltete sich jedoch wegen der hohen Forderungen Katharinas schwierig. Die achtjährige Tochter des Grafen von Württemberg erregte zunächst seine Aufmerksamkeit, aber sie war noch zu jung. Drei Meiningische Prinzessinnen sollen nicht schön genug gewesen sein; eine Coburgerin konnte wegen Muttermalen nicht auf die Liste gesetzt werden. Die 18 Jahre alte Prinzessin von Nassau schließlich war bereits drei Jahre zu alt.

Auch der preußische König spielte bei der Auswahl eine Rolle. Aus machtpolitischen Gründen zeigte er Achatz Ferdinand an, daß er die Auswahl einer Prinzessin von Hessen-Darmstadt wünsche. Der Großfürst Paul heiratete letztlich die Prinzessin Wilhelmine von Hessen-Darmstadt. Achatz Ferdinand erhielt für seine Vermittlungsdienste 20 000 Gulden aus dem Brautschatz. Aufgrund dieser und anderer internationaler Verpflichtungen blieb ihm wenig Zeit für die Burg Falkenstein, deren zunehmend ruinöser Zustand sie unbewohnbar machte. Für einen Umbau zum zeitgemäßen Barockschloß bot die Burg denkbar ungünstige Voraussetzungen. So konnte der weitere Verfall nicht aufgehalten werden; im Gegenteil, durch den Verkauf von Abbruchmaterial (Amtshaus, Brauhaus, Ställe, Wirtschaftsbauten und Wehrgänge) schritt er noch schneller voran. Bis heute wirkt sich der Abbruch der beiden baufällig gewordenen Giebel an der Südseite des Küchenhauses auf die Silhouette der Burg negativ aus. Ende des 18. Jahrhunderts wurden der Gottesdienst in der Kapelle eingestellt und das Gerichtsamt nach Meisdorf verlegt.

Als Wohnsitz plante Achatz Ferdinand nach der Besserung der finanziellen Lage seiner Güter in der zweiten Hälfte der sechziger Jahre des 18. Jahrhunderts einen neuen, schräg gegenüber der Galerie gelegenen Flügel des Schlosses Meisdorf. Baurechnungen belegen den Abschluß der Arbeiten in den Jahren 1769/70.

Achatz Ferdinand zählte berühmte Zeitgenossen zu seinem Freundeskreis. Der Dichter Friedrich-Gottlieb Klopstock (1724-1803) weilte mehrfach in Meisdorf und führte einen regen Briefwechsel mit dem Freiherrn. Über das Verhältnis der beiden berichtet ein Brief Klopstocks an Achatz Ferdinand vom 29. Februar 1772 aus Anlaß des Todes des Grafen von Bernstorff: »Ich habe Euer Exzellenz so lange nicht geschrieben, und nun muß ich es bei einem so sehr traurigen Anlasse thun. ... Euer Exzellenz sollte Einer von den sehr wenigen seyn, dem ich jetzt schon sage, daß ich dem Prinzen Carl von Hessen vorgeschlagen habe, es dahin zu bringen, daß man unserm Bernstorff ein Begräbniß in Rothschild gebe ...«

Von der Eckartsklippe aus soll Klopstock oft versunken in das wunderschöne Selketal mit Blick auf den fernen Falkenstein gedichtet haben. Die Legende berichtet, er habe hier an einem seiner Hauptwerke, dem »Messias«, gearbeitet. Die Klippen werden seit dieser Begebenheit Klopstockklippen genannt (s. Karte). Über die Verbindung des bedeutendsten Frühromantikers Friedrich von Hardenberg (Novalis) zur Burg wissen wir noch zu wenig. Aber in den Jahren 1786 bis 1791 schuf er hier zwei Gedichte: »Bey dem Falckenstein einem alten Ritterschloß am Harze« sowie »Der Falckenstein am Harz«.

Der Falkenstein als öffentliches Museum

Achatz Ferdinand starb am 13. März 1797 und hinterließ nur eine Tochter. Aus diesem Grund erbte der Ururenkel Bussos V., August Ludwig Busso II. (1761-1816), den Falkenstein (S. 28). Von 1780 bis

Unbekannter Meister,
Achatz Ferdinand von der Asseburg
(1721-1797)
mit seiner Frau Anna Marie
und der Tochter Anna Charlotte Ferdinande,
um 1790

1786 studierte August Jurisprudenz, Naturwissenschaften und Physik in Helmstedt. Dann wurde er Domherr und später Propst zu Halberstadt, wo er auch seinen bescheidenen Wohnsitz hatte. Er weilte nur selten im Amt Falkenstein.

Charakteristisch für seine Persönlichkeit erscheint die Ablehnung der ihm im Jahre 1816 vom preußischen König angetragenen Grafenwürde, die er mit den Worten »daß mir in meinem Alter und meiner Lage jedes andere Zeichen von der Gnade meines höchstverehrten Monarchen die höchste Ehrfurcht und Dank einflößten, eine Standeserhöhung aber mich ... nicht glücklich machen kann« bekräftigte.

Unbekannter Meister,
August Ludwig Busso II. von der Asseburg
(1761-1816),
um 1810

Die Vorliebe der Romantik für mittelalterliche Burgen und die Ausstrahlung des ehrwürdigen Diplomaten Achatz Ferdinand ließen die Ruine ins Zentrum des Interesses von Literaten und Künstlern rücken. Aus diesem Grund machte August Ludwig den Falkenstein um die Jahrhundertwende für die Öffentlichkeit zugänglich und richtete in einigen Räumen die Gastwirtschaft »Zum Falken« unter Leitung einer Kastellanin ein.

Diese führte gegen ein geringes Entgelt durch die Burg. Nach den Sturmschäden des Jahres 1800 mußten das Küchenhaus sowie das Obergeschoß des Herrenhauses fast vollständig wieder aufgebaut werden. In diesem Zusammenhang erfolgte der Bau des neuen Eingangs über die vielfach gewundene Treppe durch die Alte Küche (heute Kassenraum).

Karoline von Bardua,
Graf August Ludwig I. von der Asseburg-Falkenstein
(1796-1869),
um 1820

Im Alter von 55 Jahren starb August Ludwig Busso II. an seinem Geburtstag, dem 11. April 1816, ohne einen Nachkommen hinterlassen zu haben.

Vom Fideikommiß zur Grafschaft – der Falkenstein wird Jagdschloß

In den Besitz der Herrschaft gelangte August Ludwig I. (1796-1869), dessen Urahn Johann VIII. seinerzeit in den Türkenkriegen umgekommen war. Ludwig erlernte in Ilsenburg Forstwirtschaft und trat zu Beginn der Freiheitskriege 1813 in das Jägereskadron des ersten Leibhusarenregiments ein. Im Jahre 1821 mußte er wegen der Erbschaft des Falkensteins die Militärlaufbahn aufgeben. Unter dem preußischen

König Friedrich Wilhelm III. (1797-1840) wurde Ludwig schon 1836 Kammerherr; später stieg er zum Chef des Hofjagdamtes auf. Auch an in- und ausländischen Ehrungen fehlte es ihm nicht. So besaß er die Kriegsgedenkmünze (1813/14), den russischen St.Annenorden (1824), den Orden Heinrichs des Löwen (1852), den Stanislausorden (1856), den roten Adlerorden (1862), den Hannoverschen Guelfenorden (1861) und den Mecklenburgischen Hausorden der wendischen Krone (1867). Sein persönliches Leben war jedoch von schweren Schicksalsschlägen geprägt. Schon 1825 verlor er seine erste Frau, Anna Gräfin von der Schulenburg. Seine zweite Gattin, Constanze von Buttlar, starb kurz nach der Geburt des Sohnes Ludwig II. Auch die dritte Frau, Bernhardine von Kerßenbrock, ging vier Jahre nach der Eheschließung aus dem Leben. Schließlich wurde seine vierte Ehe, die er mit Emma von Alvensleben schloß, ein Jahr nach der Trauung wieder geschieden. Seine letzte Gattin, Adelheid Gräfin von Fürstenstein, überlebte ihn um viele Jahre.

Für den Falkenstein galt Ludwigs Interesse dem Aufbau einer unteilbaren Erbherrschaft in einer Asseburger Hand. Grundlage war der gerichtliche Vergleich für die Erbmasse vom 16. September 1817:

Objekt	Bewertung in Talern
Rittergut in Meisdorf	70 000
Ziegelhütte	1 600
Mahlmühle in Meisdorf	4 400
Papiermühle (Falken)	2 500
Backhaus	440
Kunstteich in Dankerode	300
12 000 Morgen Forst, Jagd, Mast und Bergwerke	155 000
Falkenstein und Pansfelde	34 000
Oberschenke Pansfelde	3 000
Talmühle	3 200
Gut Molmerswende	12 500
Gartenhaus	2 000

Dazu kamen noch Wiesenzins, Erbzins, Dienstgelder, Rauchhühner und anderes mehr. Die gesamten Lehnsschulden wurden im Jahre 1826 mit 240 000 Talern angegeben. Diesen Besitzstand faßte Ludwig zu einem sogenannten Fideikommiß zusammen, der treuhänderisch verwaltet wurde. Damit konnte das Familieneigentum nicht mehr veräußert oder geteilt werden; nur der Ertrag war frei verfügbar. In der Erbfolge standen zunächst sein ältester Sohn und dessen Söhne. Sollte die männliche Linie aussterben, galt die matrilineare Erbfolge. Der neue Besitzer wurde verpflichtet, seinem Namen den des Geschlechts »von der Asseburg« voranzustellen. Die Familienmitglieder, die ohne

Erbanteil blieben, sollten mit 60 000 Talern entschädigt werden. Die Witwe des Besitzers erhielt 1000 Taler und das lebenslange Wohnrecht auf dem Falkenstein. Mit der Umwandlung des Gutes in einen Fideikommiß waren günstige Voraussetzungen für die Erhebung der Herrschaft zu einer Grafschaft geschaffen worden.

Als Friedrich Wilhelm IV. 1840 den preußischen Königsthron bestieg, war es für den Romantikliebhaber, der als Kronprinz bereits auf dem Falkenstein weilte, fast eine Selbstverständlichkeit, August Ludwig I. am 15. Oktober 1840 in den Grafenstand zu erheben (S. 32). Im Jahre 1846 erhielt Ludwig die Kabinettsorder, daß dem jeweiligen Herrn der Grafschaft der Name »Graf von der Asseburg-Falkenstein« beizugeben sei. Die enge Verbindung zum Königshaus brachte Repräsentations- und Gastgeberverpflichtungen mit sich. Mit allen ihm zur Verfügung stehenden Mitteln setzte sich Ludwig deshalb für die umfassende Sicherung und Erneuerung der Burg ein.

Besonders dringend war die Generalinstandsetzung des Bergfrieds. Dieser war durch die Erhöhung 1592 so stark in seiner Standfestigkeit beeinträchtigt worden, daß er im oberen Bereich auseinanderzubersten drohte. Aus diesem Grunde ließ Ludwig 1826 neue Ziegellagen mauern und das oberste Drittel des Turmes mit einem Eisenring umfassen (die Umfassung mit vier Ringen datiert später).

Im Jahre 1830 erfolgten Erneuerung und Umbau des Herrenhauses (Palas) im neogotischen Stil (Babelsberger Gotik). Die Anregung für die Auswahl dieses Stiles verdankte Ludwig dem Prinzen Friedrich von Preußen (1794-1863), mit dessen Gemahlin, Prinzessin Luise von Anhalt-Bernburg, er gut bekannt war. Friedrich hatte in den Jahren 1825 bis 1829 Burg Rheinstein mit neogotischem Interieur einrichten lassen, und Ludwig ließ sich wahrscheinlich davon inspirieren. Für die Neugestaltung des Herrenhauses verpflichtete er den Berliner Architekten und Oberbaurat der preußischen Regierung Friedrich August Stüler (Neues Museum Berlin, Universität Königsberg). Dieser ließ die ursprünglich flachen Decken aufbrechen. Durch Holzkonstruktionen bildete er ausgehend von den vier Seiten des jeweiligen Raumes große Dreiecksflächen, die sich etwa von der Höhe des Türsturzes bis zur Deckenspitze ausdehnten. Die Zwischenräume der pyramidal ausgeführten Konstruktion wurden als dekorative Nischen gestaltet. Das Holz erlaubte keine echten Gewölbe, deshalb ließ Stüler eine illusionistische Malerei von Spitzbögen und Maßwerk auftragen (S. 34). In den Ecken des Raumes standen die allegorischen Statuen von Glaube, Liebe, Hoffnung und Geduld. Der Saal im Erdgeschoß wurde zu einer Suite mit drei Schlafgemächern, den sogenannten Königszimmern (S. 35), umgebaut. Auch hier herrschte gotisches Ambiente vor.

Grafenwappen des Hauses Asseburg-Falkenstein, 1840

In den Jahren 1832/33 fertigte der Meisdorfer Zimmermann August Strumpf die Fachwerkbrücke, das Außengeländer für die Aussichtsplattform und eine neue Treppe für den Bergfried. Auch die gesamte Nordwestecke mußte wegen des drohenden Einsturzes neu gemauert werden. Das große Fräuleinszimmer war bereits so baufällig, daß es nicht mehr gefahrlos betreten werden konnte. Von 1836 stammen die roten Handstrichziegel, die man noch heute im Kassenraum und im Fachwerktreppenturm besichtigen kann. 1832 ließ Ludwig auch die Kapelle in die umfänglichen Renovierungsarbeiten einbeziehen. Die Wandmalereien wurden so kräftig nachgemalt, daß man noch heute die Originale an der Fenstereinfassung von den sonst eher an grelle Bauernmalereien erinnernden Übertünchungen unterscheiden kann. Die Brüstungsgemälde wurden ebenfalls restauriert. Davon zeugen die fehlerhaften Veränderungen an den Bildinschriften. Eine kleine Schrankorgel auf der Empore vervollständigte die Ausstattung, so daß im September 1832 die Kapelle im Beisein des romantisch gesinnten Prinzen Friedrich von Preußen neu geweiht werden konnte.

Bei der Erneuerung der Burg war Ludwig nicht nur von den Repräsentationsverpflichtungen als Graf ausgegangen. Er verfolgte auch merkantile Ziele. Im Jahre 1837 war die Burg offenbar soweit

Friedrich Gottschalck,
Falkenstein am Harz,
Darstellung vor der großen Restaurierung 1826
und der Sicherung des Bergfrieds mit Spannringen, Stahlstich, 1817

Kleiner Salon, neogotisches Interieur,
Ansichtskarte, um 1900

renoviert, daß einige ihrer Räume als Gastwirtschaft mit Übernachtung verpachtet werden konnten.

In verschiedenen Städten, so in Leipzig, Magdeburg, Quedlinburg, Aschersleben und Hettstedt, ließ er folgende Anzeige veröffentlichen: »Die Gastwirtschaft auf dem seiner bekannten schönen Lage wegen von Fremden sehr besuchten, am Fuße des Unterharzes ... belegenen Schlosse Falkenstein, soll vom 1. Mai 1838 ab auf ... sechs hintereinander folgende Jahre, also bis 1844 am 11. September dieses Jahres (1837) auf dem Schlosse selbst öffentlich meistbietend an einen geschickten Mundkoch oder sonst qualificierten Mann, welcher sich sowohl darüber als auch unter die zur Übernahme der Pachtung erforderlichen Zahlungsmittel sofort gehörig auszuweisen hat, verpachtet werden. Meisdorf, den 10. July 1837, Freiherrlich von der Asseburgsches Rentamt.«

Für Übernachtungen vorbereitet waren damals die drei Königszimmer, die Fräuleinsstube, die Katharinenstube im Fräuleinsgang, der Schiefe Saal, die Himmelbettstube sowie ein Raum mit der Bezeichnung »Zu Homanns Stube« (vielleicht in der Alten Hofstube). Nach dem Abriß der Ställe auf dem Wirtschaftshof wurde ein neuer Pferdestall benötigt, den der Graf im Jahre 1858 auf der Ostbastion errichten ließ (S. 59).

Königszimmer, neogotisches Interieur,
Ansichtskarte, um 1900

Die touristische Nutzung der Natur- und Kulturschätze der Region war nicht allein die Idee Ludwigs, wenngleich es seiner Durchsetzungskraft zu verdanken ist, eine Infrastruktur geschaffen zu haben, die noch heute dem Selketal gute Perspektiven ermöglicht. Die Ursachen für diese Umstrukturierung waren vielfältig. Die Industrialisierung des 19. Jahrhunderts hatte für viele Waldbesitzer schmerzliche Folgen: Das Holz, eine der wirtschaftlichen Grundlagen, wurde im Bereich Brennholz (Verhüttung) weitgehend durch die Kohle abgelöst; andererseits verlor der Wald als »Obstgarten des Mittelalters« durch den Siegeszug der Kartoffel als Mastmittel zunehmend seine Bedeutung als Futtergeber für das Vieh. Diesen Tendenzen wollte Ludwig zunächst durch den verstärkten Abbau von Steinkohle und Kupferschiefer sowie den Bau einer Kupferhütte entgegenwirken. Der Versuch scheiterte jedoch wegen der geringen Vorkommen (Einstellung 1869) und der fehlenden Rentabilität.

Tourismus und Gastgewerbe sollten schon damals für den Falkenstein die Zukunft bedeuten. Damit sah sich Ludwig nicht allein im Selketal. Einen besonderen Aufschwung brachte die Gründung des Alexisbades durch Herzog Alexius Friedrich Christian von Anhalt-Bernburg in den Jahren 1809/10 in der unmittelbaren Nachbarschaft zur Burg. Die Voraussetzungen für ein Kurbad waren günstig. Bereits im 18. Jahrhundert hatten die Bergleute beim Bau eines Bergwerkstollens eine kohlensäure- und eisenhaltige Quelle entdeckt. Alexisbad entwickelte sich schnell zum Modebad und besaß noch 1932 den Ruf, den größten Eisenbrunnen Deutschlands zu besitzen.

Bekannte Persönlichkeiten suchten das Selketal auf. So reisten der dänische Märchendichter Hans Christian Andersen und der Vater der deutschen Oper, Carl-Maria von Weber, nach Alexisbad. Andersen nahm aus Meisdorf das Märchen vom Brotstein in seine Sammlung auf. Die Geschichte handelt von einem Mädchen, das mit einem Brot vom

Porzellanteller mit der Ansicht des Falkensteins von der alten Aussichtsplattform Selkesicht aus, Königliche Porzellanmanufaktur Berlin, 1837-1844, Kunstgewerbemuseum Schloß Köpenick

Friedrich Geißler,
Falkenstein am Harz,
Stahlstich nach einer Vorlage von Adrian Ludwig Richter, 1836

Bäcker nach Hause ging. An einem sumpfigen Bach legte es das Brot auf den feuchten Boden, um die unwegsame Stelle zu überqueren, ohne seine Kleider zu beschmutzen. Augenblicklich verwandelte sich das Brot in einen Stein. Noch heute kann man in Meisdorf (zwischen dem Stahlsberg und Opperode) den Brotstein besichtigen. Weber komponierte im Selketal einige Teile seiner Oper »Der Freischütz«.

Der Falkenstein blieb ein Anziehungspunkt für Künstler. In fast unübersehbarer Zahl wurde die das romantische Ideal von der mittelalterlichen deutschen Ritterburg verkörpernde Anlage gezeichnet, gemalt und gestochen. Eine besondere Rolle spielte in der Zeit der Romantik die Stadt Halle, die neben Jena das Zentrum des frühromantischen Geistesleben um 1800 war. Von Reichardts Garten und der damals noch weit vor den Grenzen der Stadt liegenden Burg Giebichenstein aus zogen Tieck und später Eichendorff in den Harz. Zentrum der Malerei jedoch war Dresden. Von dort kam auch Caspar David Friedrich in den Harz. Wilhelmine von Bardua, die in Ballenstedt lebende Schwester der Malerin Karoline von Bardua, berichtet in ihren Erinnerungen vom ersten Besuch Friedrichs im nahen Ballenstedt: »An einem schönen Sonntag ... zeigten sich zwei Fremde auf der

Straße. Es war der Landschaftsmaler Friedrich und der Bildhauer Kühne, die von Dresden kommend auf einer Harztour waren, ein paar Tage in Ballenstedt bleiben wollten und Karoline sogleich aufsuchten. ... Friedrich streifte viel in der Umgegend umher und zeichnete nach der Natur.« Sicherlich besichtigte er damals auch den Falkenstein, denn Karoline war mit Ludwig, den sie bereits porträtiert hatte, befreundet und weilte oft dort.

Friedrich vermied jedoch das Darstellen von Klöstern, Burgen und Schlössern. Er sah vielmehr in den Steinbrüchen, den bewaldeten Hängen und im Brocken das Charakteristische des Harzes. Anders sah dies Carl Blechen, der in Dresden bei dem Norweger Johan Christian Clausen Dahl studiert hatte. Er verehrte das Mittelalter und stellte bewußt Mönche, Ritter, Burgen und Ruinen dar. Während seiner Harzreise im Jahre 1833 kam er auch zum Falkenstein und fertigte ein Aquarell der Burg in einiger Entfernung vom Kammweg aus an. Von ihm fühlte sich möglicherweise Adrian Ludwig Richter inspiriert, der Blechen in Dresden kennengelernt hatte. Richter weilte auf Einladung des Grafen mehrmals auf der Burg. Für den Teil »Wanderung durch den Harz« des zehnbändigen Werkes »Das malerische und romantische Deutschland« von Wilhelm Blumenhagen (Leipzig, 1837 - 1841) fertigte Richter eine später häufig kopierte Zeichnung der Burg von Osten an (S. 37). Im Jahre 1842 kam er zusammen mit Karl-Gottfried Peschel, Ernst Ferdinand Oehme und Wilhelm von Kügelgen auf den Falkenstein. Kügelgen berichtet davon in seinen »Lebenserinnerungen eines alten Mannes«: »Auf der alten Burg angelangt, frühstückten wir in ritterlicher Halle Butterbrot mit Schlackwurst, fürchterlich lachend, weil Oehme witzig ist. Als wir uns erquickt hatten, ging das Zeichnen los. Um zwei waren wir fertig und ließen uns Gänsebraten, Salat und Birkenchampagner heraus ins Freie bringen. Nach Tisch ließen Richter und Peschel sich das Schloß von innen zeigen. Oehme aber setzte sich wieder zum Zeichnen auf sein Feldstühlchen, und ich legte mich neben ihn ins Gras, ihm zusehend. Es war eine Wonne.«

Grundvoraussetzung für die weitere touristische Erschließung des Selketals war freilich ein umfangreicher Wege-, Straßen- und Brükkenbau, den Ludwig mit Elan vorantrieb. Im Jahre 1845 ließ er den großen Viadukt über die Selke errichten, der es ermöglichte, von Meisdorf über Pansfelde die Clausstraße (B 242) direkt zu erreichen. Zwischen 1864 und 1866 erfolgte die Verwirklichung des größten

Seite 39:
Südzwinger mit Neoromanischem Haus von 1856

Quittung über zehn Pfennige Chausseegeld Nr. 54,
links Wappen der Asseburger mit Grafenkrone, um 1900

Projektes: der Bau der Selketalchaussee von Meisdorf bis zur preußisch-anhaltischen Grenze. Sieben Brücken mußten über die Selke geführt werden. Erst die Zerstörung einiger dieser Brücken während des großen Hochwassers im April 1994 hat vor Augen geführt, welche gewaltigen Mittel für derartige Ingenieurbauten aufgewendet werden mußten. So war es nur verständlich, daß Ludwig das Recht nutzte, in seiner Grafschaft an Zollstationen das sogenannte Chausseegeld zu erheben. Dies geschah noch bis 1927.

Kaiser, Könige und Kronprinzen auf dem Jagdschloß Falkenstein

Durch die enge Verbindung zum preußischen Königshaus fühlte sich Graf Ludwig verpflichtet, in den zum Asseburger Forst gehörenden Wäldern zur Jagd einzuladen. Nachdem bereits 1832 Friedrich Wilhelm von Preußen anläßlich der Kapelleneinweihung an einer Jagd teilgenommen hatte, übernachteten am 19. November 1839 Kronprinz Friedrich Wilhelm sowie die Prinzen Karl und August von Preußen in den Königszimmern. Zu Ehren des Prinzen Karl und wegen seiner besonderen Vorliebe für diesen Ort wurde die Terrasse auf der Westbastion (Altan) Karlsplatz genannt.

Zur internationalen Königsjagd am 14. November 1843 erschienen: der Nachkomme des ehemaligen Oberlehnsherrn der Asseburger, Friedrich Wilhelm IV., der Landesherr Ernst August von Hannover sowie Friedrich August II. von Sachsen, Herzog Wilhelm von Braunschweig und die preußischen Prinzen Wilhelm und Karl.

Eine vertraute Freundschaft verband Ludwig mit Otto von Bismarck, der ihn beim preußischen König als Mitglied für das Herren-

Unbekannter Meister,
»Schloß Falkenstein im Selkethal«,
nach dem Neubau des Neoromanischen Hauses (1856)
und des Pferdestalls (1858), bemerkenswert der Vorgängerbau
des jetzigen Wehrturms, Farbholzstich, um 1869

haus vorgeschlagen hatte. Aus Anlaß einer Harzreise weilten im Juli des Jahres 1846 Bismarck und Generalfeldmarschall Albrecht Graf von Roon auf dem Falkenstein. An einem dieser Abende fand Bismarck, wie er oft berichtete, »hier seinen Stern in unwiderstehlichem Glanze«. Gemeint war damit seine spätere Frau, Johanna von Puttkammer, die ihrerseits an ihre Mutter von der »grenzenlosen Mondscheinhuldigung und Schwärmerei, die sie glücklich mache« schrieb. Noch während dieser Harzreise verlobte er sich mit ihr im Alter von 31 Jahren. Im Jahre 1849 erhielt Bismarck erneut eine Einladung zur Jagd in den Asseburger Forsten. In einem Brief an Johanna heißt es dazu, »daß ich recht gerne einen Hirsch in jenen Wäldern schösse, die wir beide vom Monde beleuchtet sahen an jenem Abende ... Ich habe so eine fixe Idee, die mich in allem Getriebe verfolgt, in einem ganz einsamen, tiefen Gebirgstal im warmen Sommer, dicht am Bach mit dem Kopf auf Deinem Schoß zu liegen und über mir durch den Dampf der Zigarre und die grünen Buchenwipfel den blauen Himmel anzusehen und von Dir angesehen und geküßt zu werden und sehr lange gar nichts zu tun. Wann wird das einmal werden? Im Selketal oder wo?«

Der zunehmende Besuch hochgestellter Persönlichkeiten war wohl immer weniger mit dem Status des Falkensteins als öffentliche Gastwirtschaft zu vereinbaren. So wurde 1851 der Gasthof »Zum Falken« neben die alte Papiermühle im Selketal verlegt. Gleichzeitig ließ Ludwig auf dem »Krummen Tor« (s. Rundgang) zwischen 1850 und 1856 anstelle des alten, fünfgeschossigen Lagerturms aus rotem Backstein ein neoromanisches Haus (S. 39) für einen neuen Tafelsaal, den sogenannten Jagdsaal, errichten. Die exponierte Stellung dieses Saales erlaubte eine wunderschöne, freie Sicht nach drei Seiten hin. Der Saal war im Innern von Balustraden umgeben und reich mit Geweihen und an der Wand hängenden Waffen geschmückt.

Von dem deutschen Generalstabschef Helmuth Graf von Moltke wird berichtet, der Falkenstein gefiele ihm so gut, daß er sich in der Nähe seinen Altersruhesitz einzurichten gedachte.

Vier Hochzeiten wurden in jenen Jahren auf dem Falkenstein ausgerichtet. 1843 heiratete Graf Ludwig I. seine fünfte Gattin, Gräfin Adelheid von Fürstenstein. 1850 fand sich seine Tochter Anna zur Trauung mit dem späteren sächsischen Kriegsminister, Alfred von Fabrice, ein. 1854 kam sein sechstes Kind Luise zur Hochzeit mit Otto Friedrich von Veltheim. Im Jahre 1854 schlossen Adelheid und Valentin von Massow auf der Burg den Bund für das Leben.

Die Revolutionsjahre 1848/49

Die Grafschaft Falkenstein war auch in die Ereignisse der Revolution von 1848/49 einbezogen. Die Frondienste belasteten die Bauern nicht wenig. Auf der anderen Seite standen die Verwaltungsverpflichtungen, die Patrimonialgerichtsbarkeit, der Bau von Schulen und Kirchen sowie die Bezahlung von Lehrern, Pastoren und Kantoren, die der Graf zu tragen hatte. Ohne den gewaltigen Ausbau der Infrastruktur durch Graf Ludwig wäre die Not sicher viel größer gewesen. Aus diesem Grunde müssen die Ereignisse der Revolution in der Grafschaft Falkenstein differenziert betrachtet werden. Zwar zogen am 27. März 1848 über 300 bewaffnete Pansfelder vor das Meisdorfer Schloß; sie forderten vom Grafen jedoch nur Zugeständnisse in Kirchen- und Gemeindedingen. Der Graf willigte zunächst ein, nahm jedoch später seine Zusagen wieder zurück. Als Freund des Königs hielt Ludwig während der Revolutionsjahre treu zum Monarchen und arbeitete aktiv an der Spitze des Treuebundes. Gleichzeitig blieb er seinen Prinzipien der Verantwortung gegenüber anderen treu. Eine Anekdote jener Zeit belegt dies: Ludwig war mit seinem Namensvetter Ludwig von Westfalen befreundet, der bei ihm hohe Kreditschulden hatte. Um diese zu tilgen, schlug der Graf vor, ihm für die Erziehung seiner zehn Kinder die beiden Töchter Jenny und Linette von Westfalen als Kindermädchen nach Meisdorf zu schicken. Ludwig willigte ein, und so kamen die beiden Schwestern auf das Schloß. Jenny erhielt für ihre treuen Dienste und wegen der unsicheren Verhältnisse ihres Mannes eine lebenslange Rente (bis 1881). Der in unsicheren Verhältnissen lebende Mann war kein anderer als Karl Marx.

Diese Begebenheit deutet auf die Ambivalenz des Charakters von Ludwig, der einmal von seinem Freund August Harthausen folgendermaßen beschrieben wurde: »Er, Asseburg, Landjunker und Jäger alter Sorte, nicht ohne Verstand, äußerst gutmütig, aber aufbrausend und heftig wie wenige, von der Sorte, von der Goethe irgendwo sagt: ein guter Kerl; ich kenn' ihn ganz genau: erst prügelt er, dann kämmt er seine Frau.«

Ludwig versuchte, die Familie auch für die Zeit nach seinem Tode zu vereinen. Deshalb verfügte er in seinem Testament, daß sich alle Nachkommen seines Stammes alljährlich am 1. Oktober auf dem Falkenstein zu versammeln hätten. Bei der Mittagstafel sollte der jeweilige Besitzer der Grafschaft jenen Paragraphen aus dem Testament vortragen, der die auf den Familienfrieden gerichtete Verfügung beinhaltete. Die Maßnahme war bei zehn Kindern von fünf Frauen in Ludwigs Familie allzu verständlich. Schließlich konnte immer nur ein Familienmitglied Graf

Graf Ludwig II. von der Asseburg-Falkenstein (1829-1909),
Fotografie, um 1908

von der Asseburg-Falkenstein sein. Ludwig I. von der Asseburg-Falkenstein starb am 24. Oktober 1869 im Alter von 73 Jahren.

Graf Ludwig II. und Graf Friedrich – die Zeit bis zum Jahre 1933

Nach dem Tode Ludwigs I. gelangte sein ältester Sohn aus der Ehe mit Constanze von Buttlar, Ludwig August Busso Konstantin (1829 bis 1909), in den Besitz der Grafschaft Falkenstein. Er ging als Ludwig II. Graf von der Asseburg-Falkenstein in die Annalen ein und wohnte bereits seit seiner Heirat mit Anna Gräfin von Königsmarck im Jahre 1862 auf der Burg. 1869 zog er mit seiner Familie in das Schloß

Meisdorf um. Im Dienste dreier preußischer Könige gelang auch ihm eine glänzende Karriere. Er erbte von seinem Vater das Amt des Hofjägermeisters am preußischen Hofe. Im Laufe der Jahre wurden ihm noch andere Hofämter zuteil: Exzellenz (1886), Viceoberjägermeister (1886), Oberjägermeister (1888), Wirklich Geheimer Rat (1896). Außerdem war er erbliches Mitglied des Herrenhauses, Mitglied des Provinziallandtages sowie des Kreistages des Mansfelder Gebirgskreises seit dessen Begründung. Besondere Verdienste erwarb sich Ludwig II. um die Erhaltung und Pflege des Asseburger Forstes. Als von 1905 bis 1908 die anhaltische Forstverwaltung korsisches Muffelwild im Wald (Revier Drahtzug) aussetzte, protestierte er energisch und ließ zeitweilig einen Zaun an der Grenze seines Besitzes errichten, der teilweise noch erhalten ist. Der Grund für diese Maßnahme waren die Tagaktivitäten der Mufflons, die die nachtaktiven Hirsche – besonders den Harzer Rothirsch – vertrieben. Wegen eines anderen Ereignisses setzte sein Neffe und späterer Erbe, Friedrich, ihm einen Gedenkstein vor der Westbastion (Altan): Er hatte 1908 von einem Fenster der Burg aus mit seiner letzten Kugel einen kapitalen Hirsch von 14 Enden geschossen. Schon ein Jahr später, am 20. April 1909, starb er.

In den Besitz der Grafschaft gelangte Friedrich Deodat Georg (1861-1940), der Sohn von Ludwigs jüngerem Bruder Bernhard.

Arbeitszimmer des Grafen,
Ansichtskarte, um 1900

Graf Friedrich Deodat Georg von der Asseburg-Falkenstein
(1861-1940),
Fotografie, um 1900

Friedrich lebte seit 1894 in Schlesien (Groß-Rinnersdorf) und kam erst im Jahre 1910 endgültig von seinem dortigen Gut nach Meisdorf. Er führte umfangreiche Renovierungen auf dem Falkenstein durch. Die erste erfolgte zwischen1909 und 1912 und brachte der ehrwürdigen Feste Elektrizität und fließendes Wasser; ein Jahr später wurden die Zwerchgiebel auf dem Küchenhaus erneuert.

Friedrich besaß ein ausgeprägtes Bewußtsein für die Familiengeschichte der Asseburger. Gemeinsam mit seinem Onkel, dem Königlich Preußischen Generalleutnant Egbert Graf von der Asseburg, beauftragte er den langjährigen Patronatspfarrer Max Trippenbach mit der Abfassung einer urkundlich beglaubigten Geschichte derer von der Asseburg. Der umfangreiche Band erschien im Jahre 1915. Noch während des Ersten Weltkrieges (1915) versuchte er, eine Ahnengalerie aufzubauen. So kaufte er Porträts der Asseburger auf und ließ zahlreiche Bilder in Braunschweig und Halle kopieren.

In den schwierigen Zeiten des Ersten Weltkrieges, der Novemberrevolution und des Kapp-Putsches spielte die Burg Falkenstein in den strategischen Planungen nicht selten eine wichtige Rolle. So baten hochrangige Politiker kurz vor Beginn des Kapp-Putsches um die Möglichkeit der Einlagerung von Infanteriegewehren für eine ganze Division; der Plan wurde allerdings nicht verwirklicht. Später sollte der deutsche Kaiser von Holland ausgeliefert werden. Ein ehemals hochgestellter Politiker erschien bei Friedrich mit der Bitte um mögliche Beherbergung des Kaisers auf dem Falkenstein, nachdem dieser mit dem Flugzeug aus dem Exil vor einer Auslieferung entführt werden sollte. Durch die Weigerung Hollands, den Kaiser auszuliefern, kam auch dieser Plan nicht zur Ausführung.

Schwere Schicksalsschläge mußte Graf Friedrich 1928 hinnehmen, als innerhalb einer einzigen Woche zunächst seine älteste Tochter Oda starb und sein einziger Sohn und zukünftiger Erbe der Grafschaft, Busso, einem Sportunfall beim Kugelstoßen (Herzaderriß) in München zum Opfer fiel.

Graf Friedrich von der Asseburg-Falkenstein (links)
und der Gauleiter des Gaus Halle-Merseburg Rudolf Jordan
bei der Gedenkfeier für Eike von Repgow
und den Sachsenspiegel am 29. Oktober 1933,
Landesarchiv Magdeburg, Außenstelle Wernigerode, Rep. H Falkenstein Meisdorf,
vorl. Verz., Nr. 2455, Bl. 31

Nach der Machtergreifung Hitlers rückte der Falkenstein erneut in den Mittelpunkt des Interesses. Diesmal jedoch wegen des ersten deutschen Rechtsbuches – dem Sachsenspiegel. Bereits am 29. Oktober 1933 wurde vor der Ostbastion ein sogenanntes Landgericht (Thing) abgehalten und der Gedenkstein des Bundes Nationalsozialistischer Deutscher Juristen, Gau Naumburg, enthüllt. Das propagandistische Schauspiel diente einzig der Verherrlichung Hitlers als des »Verwirklichers« deutschen Rechts und sprach dem Inhalt des Sachsenspiegels Hohn (S. 47). Der große Eichentisch aus dem Rittersaal wurde aufgestellt. Sechs Sessel und vier Fahnen im Halbkreis dienten als Bühne. Auf den Sesseln saßen die Schauspieler, die ein Frage-Antwort-Spiel zwischen mehreren Schöffen, einem Fürsprecher und einem Richter vortrugen:

Fürsprecher:	»Muß das Recht auch eine Einheit sein?«
Ein Schöffe:	»In seiner Mannigfaltigkeit muß das Recht eine Einheit sein: <u>Ein</u> Volk, <u>ein</u> Recht.«
Fürsprecher:	»Wodurch denn wird die Einheit gewährleistet?«
Ein Schöffe:	»Durch eine einheitliche Weltanschauung.«
Fürsprecher:	»Wer schafft und verbürgt aber, so saget mir, die einheitliche Weltanschauung?«
Ein Schöffe:	»Sie schaffte der Führer und seine Kämpfer. Sie wird verbürgt durch seine Gefolgschaft und die Überzeugung der Volksgenossen. Sie heißt: Nationalsozialismus.« (Auszug)

An der Kundgebung nahmen der Gauleiter von Halle-Merseburg (Rudolf Jordan), Vertreter des Oberlandesgerichts Naumburg, die Generalstaatsanwaltschaft, Anwälte und Richter, der Landeshauptmann, die Vertreter des Magdeburger Konsistoriums, des Oberpräsidenten und Regierungspräsidenten sowie der Oberbürgermeister von Halle, die Landräte von Mansfeld und Quedlinburg und Professoren von der Martin-Luther-Universität Halle-Wittenberg teil.

Es ist heute kaum noch nachzuvollziehen, wie so kurze Zeit nach der Machtergreifung Professoren der Universität Halle für eine derartige Rechtsverdrehung ihren Namen hergaben. Friedrich war offenbar von der ganzen Angelegenheit peinlich berührt. Er verweigerte das Anbringen der Tafel direkt an der Mauer der Burg und verwahrte sich auch gegen das Ansinnen des Bundes Nationalsozialistischer Deutscher Juristen, in jedem Jahr eine Pilgerfahrt zum Falkenstein zu unternehmen.

Das eher distanzierte Verhältnis Friedrichs zur Naziherrschaft geht aus der Botschaft über die schweren Jahre seit 1914 hervor, die Friedrich am 7. November 1935 in den Turmknauf einlegen ließ: »Die seit meinem Antritt des Besitzes vergangenen Jahre bedeuten eine ernste und schwere Zeit. Den im Jahre 1914 beginnenden Kriegsjahren folgte die Revolution, die auch heute ihr Ende noch nicht erreicht hat. Kriegsnoth sowie die durch sie und die Revolution bedingten, viele Jahre andauernden Krisen auf politischem und wirtschaftlichem Gebiet und die daraus sich ergebenden ungeheuren Vermögensverluste machten die mir bei Übernahme des Besitzes als Lebensaufgabe vorschwebende Ausführung umfangreicher, seiner Melioration dienenden Pläne unmöglich. Meine Sorge mußte lediglich auf die Erhaltung des Besitzes gerichtet sein... Möge der Allmächtige Gott unserem lieben, deutschen Vaterlande, unseren Nachkommen und dem lieben alten Falkenstein bald wieder bessere Zeiten bescheren.«

In den Jahren 1935 bis 1939 ließ Friedrich trotz der schwierigen Lage größere Reparaturen auf dem Falkenstein durchführen. Der Bergfried drohte erneut auseinanderzubrechen und mußte mit vier schweren Eisenringen umspannt werden (S. 50). 1935/36 wurde fast die gesamte Burg mit bleiverglasten Fenstern ausgestattet. Hervorzuheben sind dabei vor allem die Rittersaalfenster mit der Darstellung der verschiedenen Stammeslinien der Asseburger sowie das Bleiglasdiptychon mit Hoyer von Falkenstein und Eike von Repgow. Um 1938/39 erfolgte der Umbau der neogotischen Zimmer, die fortan eine edle Lärchenholztäfelung und stark profilierte Eichenbalken als Deckenunterzug zierten.

Friedrich Graf von der Asseburg-Falkenstein starb im Jahre 1940, ohne einen Sohn hinterlassen zu haben. Der 1939 in einen Erbhof umgewandelte Besitz wurde deshalb an den ältesten Sohn seiner ältesten Tochter, Lothar, vererbt. Lothar Graf von der Asseburg-Falkenstein-Rothkirch (1914-1984) übernahm ihn im Alter von 26 Jahren.

Während des Zweiten Weltkrieges sollte die alte Ritterburg wieder als sicheres Depot dienen. Im November 1942 wurden Unterlagen und Urkunden der Stadt Aschersleben eingelagert. 1943 kam Archivgut des Auswärtigen Amtes in Berlin hinzu. Schließlich fanden auch Sammlungsgegenstände der Staatlichen Kunstbibliothek Berlin ihren Platz auf der Burg.

Die Brüder Lothar und Karl-Christoph bereiteten im gleichen Jahr die Burg für den zu erwartenden Sieg der Alliierten und eine befürchtete Plünderung vor. Das Kunstgut wurde versteckt, wobei noch so viel an Ausstellungsstücken in den öffentlich zugänglichen Räumen belassen wurde, daß ein Eindruck von Vollständigkeit gewahrt blieb.

Reparatur des Bergfrieds 1935/36,
Fotografie, 1936

Das Ende des Krieges

Im April des Jahres 1945 rückten die Alliierten immer näher. Die Amerikaner erreichten die Halberstädter Gebiete als erste. Sie drangen von Egeln aus in Richtung Ballenstedt vor. Der gesamte Harz sollte eingekesselt werden. Der Volkssturm hatte Schützengräben ausgehoben und auf der Meisdorfer Straße Panzersperren aus Holzstämmen aufgestellt. Das Standquartier der Wehrmacht befand sich im Forsthaus Röhrkopf bei Ballenstedt. Trotzdem kamen die amerikanischen Truppen schnell voran. Um Harzgerode wurde gekämpft; in Alexisbad brannte das Schweizerhaus nieder, das durch Wilhelm von Kügelgen bekannt geworden ist. Das wertvolle Modellarchiv des Eisenwerkes in Mägdesprung fiel der vollständigen Zerstörung anheim – ein unwiederbringlicher Verlust.

Am 17. April warfen amerikanische Flieger zahlreiche Flugblätter ab, in denen sie die Zivilisten aufforderten, zum Zeichen der Kapitulation weiße Tücher zu zeigen. Dieser Aufforderung kam man auf dem Falkenstein unverzüglich nach. Kastellan Henne hängte aus den Fenstern weiße Bettlaken; die Amerikaner besetzten noch am gleichen Tag die Burg. 40 amerikanische Soldaten wurden im Rittersaal einquartiert. Das besondere Interesse galt den Akten des Auswärtigen Amtes. Der Befehlshaber der amerikanischen Truppen, Major Murphy, ließ die Burg durchsuchen und fand die Unterlagen. Sie wurden in das Hauptarchiv nach Marburg abtransportiert.

Im Austausch gegen Teile Berlins erhielt die sowjetische Besatzungsmacht Gebiete Thüringens und der Provinz Sachsen. Darunter fiel auch die Grafschaft Falkenstein. Am 20. Mai 1945 zogen deshalb die amerikanischen Truppen ohne Übergabe der Gebiete in westliche Richtung ab. Erst am 1. Juni des gleichen Jahres erreichten die sowjetischen Soldaten das Gebiet des Mansfelder Gebirgskreises und unterstellten es der Militärverwaltung von Major Jolurgew. Im Schloß Meisdorf fragten Soldaten nach dem Grafen. Lothar öffnete zusammen mit seinem Forstmeister die Tür, und es kam zu einem Mißverständnis. Der groß gewachsene Forstmeister in voller Uniform beeindruckte die russischen Soldaten derart, daß sie ihn für den Grafen hielten. Sie wollten am nächsten Tage wiederkommen. Zu diesem Zeitpunkt war

Arbeiter bei der Reparatur des Bergfrieds,
Fotografie, 1936

Hermann Wäscher,
Burg Falkenstein, Rekonstruktion der Gesamtanlage,
lavierte Federzeichnung, 1951

Lothar bereits auf Drängen seiner Untergebenen in der Uniform eines Eisenbahnwärters in westliche Richtung geflüchtet.

Die Zeit zwischen der amerikanischen und der russischen Besetzung brachte große Verluste für Burg und Schloß. Vor allem Mobiliar und bewegliche Kunstgegenstände wurden geraubt.

Die Burg während der sowjetischen Besatzungszeit und in der DDR

Noch 1945 wurde die Bodenreform in der sowjetischen Besatzungszone durchgeführt. Am 20. Dezember schrieb der Bezirkspräsident des Regierungsbezirks Halle-Merseburg an den Treuhänder des Provinzialgutes Pansfelde: »Das Gut Pansfelde im Mansfelder Gebirgskreis im Eigentum des Herren von der Asseburg wird auf Anordnung auf Grund der Verordnung über die Bodenreform vom 3.9.1945 zu Gunsten der Provinz Sachsen enteignet. Der Enteignung unterliegen alle mit dem Grund und Boden verbundenen Rechte sowie das gesamte landwirtschaftliche Vermögen des Eigentümers. Der Eigentumsübergang des beweglichen und unbeweglichen Vermögens auf die Provinz ist mit dem Zeitpunkt der Anordnung der Enteignung, dem 10.10.1945, erfolgt.« Das zugehörige Verzeichnis beschreibt die Charakteristik des Vermögens: »Burg Falkenstein Kulturdenkmal, Inventar laut Verzeichnis, Wert nicht realisierbar, Verkaufswert 120 000 RM«.

Im Juni 1946 wurde das Museum von der sowjetischen Militäradministration für die Öffentlichkeit zur Besichtigung freigegeben. In der Folge begann die eingesetzte deutsche Verwaltung mit ihrer Arbeit und der Neuaufteilung der Vermögenswerte. So wurden 1949 durch die Universitätsbibliothek Halle 466 Bücher abtransportiert; für den Oktober 1950 ist seitens der Staatlichen Hochschule für Musik der Erhalt von einem Zentner Noten von der Burg Falkenstein bezeugt.

Am 1. Januar 1951 gliederte die Regierung des Landes Sachsen-Anhalt die Burg Falkenstein in das neugegründete Museumskombinat der Landesgalerie Sachsen-Anhalt in Halle (Moritzburg) ein. In dieser Zeit betreuten der Museumsbeauftragte für Sachsen-Anhalt, Heinz R. Knorr, sowie der Architekt und bekannte Burgenforscher Hermann Wäscher die Burg. Beide ließen 1951 den Feuerlöschteich und die zweigeschossigen Gebäude auf dem Wirtschaftshof errichten. Im Jahre 1952 wurde das Museumskombinat aufgelöst und die Burg der Rechtsträgerschaft des Kreises Hettstedt unterstellt.

»Die Jagd gehört dem Volke«,
Jagdausstellung in den alten Königszimmern des Herrenhauses,
Neueröffnung in den achtziger Jahren des 20. Jahrhunderts

Die Besucherzahlen stiegen von etwa 15 000 vor dem Krieg auf 45 000 bis 50 000 Besuchern zu Beginn der fünfziger Jahre. Zwischen 1955 und 1956 mußten das baufällig gewordene Obergeschoß des Küchenhauses repariert, das Fachwerk neu ausgemauert und die gesamte Hofseite verputzt werden. Wichtige Reparaturen erfolgten 1961 an der Nordmauer der Burg.

Kurios ist das Überleben des von den Nationalsozialisten 1933 enthüllten Gedenksteins. Immerhin besuchten der Verteidigungsminister und Spanienkämpfer Heinz Hoffmann sowie der Ministerpräsident Willi Stoph den Falkenstein, ohne daran Anstoß zu nehmen.

Dem Schwerpunkt des Sammlungsgutes und der Lage des Falkensteins entsprechend wurde die Burg als Jagdmuseum der DDR profiliert und mit Leihgaben aus dem Historischen Museum Berlin ausgestattet. Im Jahre 1963 öffnete die erste große Jagdausstellung ihre Pforten. Sie war zunächst als Sonderausstellung angelegt und zeigte Armbrüste und Jagdwaffen. Die Königszimmer wurden zu einem großen Saal zusammengefaßt, der als Hauptausstellungsraum das Zentrum der Jagdausstellung bildete (S. 53). Zynisch erscheint das Motto der Ausstellung »Die Jagd gehört dem Volke«, da heute bekannt ist, daß nach dem Machtantritt Honeckers der Bezirksvorsitzende der SED und der Generaldirektor des Walzwerkes Hettstedt klammheimlich »Sonderjagdgebiete« an der Viktorshöhe für sich und wenige ausgewählte Jäger ausgrenzen ließen.

Die Besucherzahlen auf dem Falkenstein steigerten sich in den achtziger Jahren auf über 170 000. Dies war nicht zuletzt den Filmen der DEFA und des Fernsehens der DDR geschuldet, die hier gedreht wurden: »Hans Scharf«, »Der Spuk unterm Riesenrad«, »König Phantasia« und »Kunstraub« aus der Reihe Polizeiruf 110.

Nach der friedlichen Revolution 1989 und der deutschen Wiedervereinigung erfolgte die Zuordnung der Burg Falkenstein gemäß den Bestimmungen des Einigungsvertrages und Bezug nehmend auf die Bodenreform zum Rechtsnachfolger der Provinz Sachsen, das heißt zum Land Sachsen-Anhalt.

Mit dem Wechsel des Verwaltungsgebiets der Burg (Pansfelde) vom Landkreis Hettstedt zum Landkreis Aschersleben-Staßfurt während der Kreisgebietsreform ging die Bewirtschaftung des Museums am 1. Juli 1994 auf den neuen Landkreis über.

Der Rundgang

Bei dem heute erlebbaren Rundgang sind an vielen Architekturteilen mehrere Bauphasen aus verschiedenen Jahrhunderten erkennbar. Eine solch gewaltige Anlage mit einem Feuerversicherungswert von über 30 Millionen DM mußte während der über 800 Jahre ihres Bestehens stets mit hohem Aufwand erneuert und restauriert werden. Die dem Zeitgeist geschuldeten Veränderungen ergänzen die unterschiedlichen, funktional notwendigen Bauphasen, so daß der Besucher heute auf der Burg Falkenstein verschiedene Baustile vorfindet: Romanik, Gotik, Renaissance, Barock und Historismus.

Die folgenden Zahlen und Fakten sollen die unterschiedlichen Dimensionen auf einen Blick verdeutlichen.

Grundfläche der Burganlage:	20 000 m^2
Höhe des Burgplateaus:	334,5 m ü.NN
Talsohle des Selketales:	199,3 m ü.NN
Neigung der drei Seitenhänge:	30 bis 50°
Fläche des Innenhofes:	360 m^2
Tiefe der Zisterne:	20 m
Höhe des Bergfrieds:	36 m
Baumaterial:	Grauwacke, Sandstein, Muschelkalk
Eigentümer:	Land Sachsen-Anhalt

Viele Wege führen zur Burg

Der Falkenstein liegt auf dem Schloßberg, einem Bergsporn mit drei steil abfallenden Hängen. Auf der vierten Seite, dem Kamm, verlaufen der breite Wirtschaftsweg und der schmalere Wanderweg (S. 57). Vom Selketal führen die drei Eselsstiege, die bei den Hotels »Thalmühle« und »Zum Falken« beginnen, zur Meisdorfer Seite des Falkensteins. Schließlich gibt es noch den Fischerstieg von der Selke bis zur Westbastion (Altan) an der Buchbergseite; diesen Weg nutzten die Fischer, um die Selkeforellen zur Küche des Falkensteins zu bringen.

Im Mittelalter gab es den Wirtschafts- und den Wanderweg noch nicht. Der Hauptweg führte damals auf dem 16 Meter hohen Kamm entlang. Dafür spricht die Existenz mehrerer Karrenspuren (Hohlwege) unterhalb des Wehrturmes. Vier künstlich in das harte Gestein gehauene Halsgräben trennen die Teilabschnitte des Kammwegs voneinander ab und ermöglichten durch Hochziehen der darüber führenden

Zugbrücken eine schnelle und wirksame Sperre gegenüber unliebsamen Gästen.

Auf dem Wegabschnitt zwischen zweitem und drittem Graben sieht man einen trapezförmigen Stein mit einer Bronzetafel. Dieser Gedenkstein wurde am 15. Oktober 1933 vom Bund Nationalsozialistischer Deutscher Juristen enthüllt (s. Geschichte). Bei dem Stein handelt es sich um einen in alter Zeit ausgewaschenen Buntsandsteinblock aus der Gegend um Helbra. Er wurde von dem Steinmetz Arno Weber aus Eisleben bearbeitet. Die Inschrift lautet:

Eike von Repgow
dem Verfasser des Sachsenspiegels
dem Kenner und Künder deutschen Volksrechtes
und dem Freund und Förderer seines Werkes
dem Grafen Hoyer von Falkenstein
1233

Bund nationalsozialistischer
deutscher Juristen
Gau Naumburg
1933

Spigel der Saxen sal diz buch syn genant
wende Saxen recht ist hir an bekant,
Als an einem spiegele de vrouwen
ire antlize beschouwen.
Nu danket algemeyne
dem von valkensteyne,
der greve Hoyer ist genant,
daz an dütich is gewant
diz buch durch sine bete,
Eyke von repgowe iz tete

Die Bastion hinter diesem Halsgraben zeigt noch Reste der vordersten Schildmauer, deren geschoßabweisende Kante sich in der Hauptschildmauer und im Bergfried fortsetzen. Im Mittelalter gab es diese Ostbastion nicht. Man kam über eine Zugbrücke auf das Plateau und fuhr den direkt neben dem Wehrturm gelegenen Hohlweg hinunter. Über eine weitere Zugbrücke kam man endlich durch das Haupttor.

Lange Zeit wurde vermutet, ein erstes Tor hätte früher an der Nordseite gelegen. Die Fakten widerlegen diese Hypothese. Die Grabungen im Zuge der Meliorationsarbeiten konnten beweisen, daß sich im Bereich vor der Hauptschildmauer und an der Nordseite ein großer

Seite 57:
Burg Falkenstein,
vom Wanderweg unterhalb des Kammweges aus gesehen

Graben befand. Er muß noch Ende des 16. Jahrhunderts existiert haben, denn an der Sohle des Grabens wurden Kalksteinreste des 1601 errichteten Treppenturmes sichergestellt. Für den Graben spricht auch eine unterhalb des heutigen Bodenniveaus befindliche Reparatur an der Innenseite der Außenmauer. Ein Mauerausbruch nach innen hätte nicht passieren können, wenn dieser Bereich bereits zugeschüttet gewesen wäre.

Schließlich erwähnt das Inventar von 1586 das vermutete Tor an dem Felsriegel der Nordseite in keiner Weise. Der durch die Außenmauer und den Felsriegel gebildete Zingel sollte vielmehr die Angreifer in einem toten Raum stauen. Von drei Seiten aus konnte dieser Bereich dann beschossen werden: vom Wehrgang auf der Außenmauer, von der Kernburg aus und von dem Wehrhaus auf dem Felsriegel. Die vor der Hauptschildmauer aus dem Graben herausragenden Felsspitzen könnten Auflager gewesen sein, auf die Zugbrücken aufschlugen. Der Graben wurde im 17. Jahrhundert zugeschüttet.

Die Verteidigungsanlage

Die Errichtung der Hauptschildmauer, der Ostbastion und die Erweiterung des Bergfrieds mit einer spitzwinkligen Kante fällt wahrscheinlich erst in die Zeit nach 1582 unter Augustus I. von der Asseburg. Aus jenem Jahr sind noch auf der niedrigen Plattform des Bergfrieds Geschütze urkundlich belegt. 1592 muß der Bau schon abgeschlossen gewesen sein, denn der um zehn Meter erhöhte Turm datiert aus dieser Zeit.

Auf einem der Bossensteine in der Hauptschildmauer findet man ein schräg geteiltes Wappenschild und die Buchstaben B.V. Vielleicht ist dies das Zeichen eines bisher unbekannten Steinmetzen. An der Mauer erkennt man mehrere horizontal verlaufende Fugen, die von späteren Erweiterungsbauten zeugen. Dazu gehören auch die als kleine Rundbögen gemauerten Pechnasen. Aus den Räumen der Schildmauer konnte man durch diese schräg aus dem Fußboden nach außen führenden Löcher Pech oder andere heiße Flüssigkeiten gießen. Die herauskragenden Steinbalken trugen früher vielleicht einen Wehrgang aus Holz. Über den Balken befanden sich die Schießscharten, die später zu Fenstern umgebaut wurden.

Die Hauptschildmauer besitzt eine Stärke von etwa vier Metern und eine Höhe von 17 Metern. Die Winkelung ist dem Ritterschild abgeschaut und diente der Abwehr von Wurfgeschossen, deren Kraft durch Ableiten entlang der rechten oder linken Hälfte des Winkels aufgefangen wurde. Die Rundmauer der Ostbastion stammt aus späterer Zeit. Sie war Bestandteil eines 1858 erbauten Pferdestalls, der im Jahre 1958 wieder abgerissen wurde.

Der sogenannte Wehrturm befindet sich genau auf dem Hohlweg, der zum Haupttor führt. Dies belegt, daß er im Mittelalter nicht vorhanden war. Möglicherweise gehörte ein Vorgängerbau zum Verteidigungssystem, das von Augustus I. errichtet wurde. In den künstlerischen Darstellungen des 19. Jahrhunderts erkennt man an dieser Stelle ein Fachwerkhaus mit Satteldach. Es verfiel mit der Zeit und wurde erst Ende der achtziger Jahre unseres Jahrhunderts mit den Balken eines alten Gebäudes aus Pansfelde als Fachwerkdach auf einem aus Natursteinen gemauerten Turm rekonstruiert. 1992 erfolgte der Abriß der Dachkonstruktion.

Das Haupttor mit der großen zweiflügeligen Holztür und dem 1959 aufgesetzten Fachwerkimitat wurde ebenfalls unter Augustus I. nach 1575 erweitert und mit einer Fußgängerpforte versehen. In dieses Tor ließ einer der Burgherren mehrere Steinkugeln einmauern. Sie sollten dem Feind weismachen, sie wären bei einem Kanonenschuß steckengeblieben, und ausdrücken: »Sieh her, diese Mauern halten selbst den stärksten Geschützen stand!« Hinter dem Tor kann man auf der linken

Pferdestall auf der Ostbastion, erbaut 1858, abgerissen 1958, Fotografie, 1951

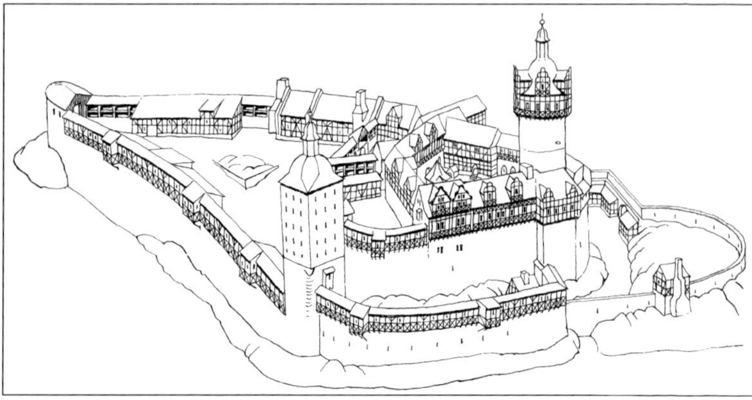

Winfried Korf, Rekonstruktionszeichnung der Burg
nach dem Inventar von 1586 und den Umbauten von 1592, 1985

Seite noch die Grundmauern und die Bogennische des alten Pforthauses erkennen. Die Quellen beschreiben es als zweistöckiges Gebäude. Der Pförtner besaß früher eine wichtige Funktion innerhalb der Burgbesatzung. Ließ er das Tor aus Unachtsamkeit über Nacht offen, konnte dies Tod oder Gefangenschaft für die Burgbewohner bedeuten. Überhaupt folgte das Verteidigungsprinzip überwiegend dem römischen Grundsatz: »Side et impera« (Teile und herrsche). Die aufwendigen Zwinger sollten den Feind immer wieder spalten, um seine Teiltruppen einzeln besiegen zu können.

In der Bruchsteinmauer der von hier aus gewaltig hoch erscheinenden Burg kann der Besucher eine der vielen Bauinschriften lesen:

AM·9·MAI·1912·DEM·TAGE·DER·
SILBERHOCHZEIT·DES·GRAFEN·
FRIEDRICH·VON·DER·ASSEBVRG·
FALKENSTEIN·VND·DER·GRAEFIN·
MARGARETHE·GEB·VON·MASSOW·
WAR·DIE·RENOVATION·DER·BVRG:
1909·AVF·DER·NORDSEITE·BE·
GONNEN: SOWEIT·VOLLENDET·

Die Inschrift nimmt Bezug auf die bereits erwähnten Renovierungsarbeiten, die unter Graf Friedrich zwischen 1909 und 1912 durchgeführt wurden (s. Geschichte). An der Pansfelder Seite der Burg muß man sich statt der zwei Giebel die ursprünglich vorhandenen vier Giebelaufsätze vorstellen, wovon zwei 1782 abgebrochen wurden (s. Geschichte).

Am Ende des Zwingers steht das sogenannte Krumme Tor. Es erhielt seinen Namen von der Krümmung des Weges, in die es aus verteidigungstechnischen Gründen gebaut worden ist. Durch diese Lage war es schwierig, mit einem Rammbock zum Stoß auszuholen. Im 16. Jahrhundert ließen die Bauherrn auf das Tor einen fünfgeschossigen Lager- und Dörrboden errichten.

Nach der Erhebung des Freiherrn von der Asseburg zum Grafen war für die Repräsentation der Bau eines neuen Tafelsaales notwendig geworden. Anstelle des Lagerturms wurde deshalb um 1856 das neoromanische Backsteinhaus errichtet. Im Innern des Gebäudes gab es einen einzigen großen Raum, den sogenannten Jagdsaal. Die Firsthöhe betrug 4,60 Meter, und im Obergeschoß führte eine Balustrade an den Wänden entlang, die mit zahlreichen Geweihen verziert waren. Nach dem Zweiten Weltkrieg wurde der Saal in Einzelräume unterteilt.

Ein Spaziergang um die Burg

Empfohlen werden kann das Umrunden der Burg auf dem Gelände des ehemaligen Grabens. Vor dem Haupttor wendet man sich dazu nach links unten. Der Graben um die Burg wurde aus unterschiedlichen Gründen zugeschüttet: Die Entwicklung der Feuerwaffen war soweit fortgeschritten, daß er seine Funktion verlor; außerdem erforderte ein Graben erhebliche Erhaltungsarbeiten, die man sich ersparen wollte. Der durch das Auffüllen entstandene Weg konnte auch von Angreifern genutzt und mußte deshalb von innen durch Schußwaffen verteidigt werden. Diesem Zweck dienten unter anderem die acht Schießscharten des Südzwingers. Einige besitzen noch das sogenannte Prellholz. Wegen des gewaltigen Rückstoßes verfügten die Büchsen damals über Eisenhaken, die beim Abfeuern eines Schusses an den Holzbalken zurückprallten und damit eine Verletzung des Schützen verhindern sollten. Betrachtet man den Außenbereich der Zwingermauern genau, werden neben den Schießscharten auch Balkenlöcher für die alten Holzgerüste oder die Wehrgänge sichtbar.

An dem bereits erwähnten Backsteinhaus biegen wir rechts ab und genießen die Gesamtdimension der Burg, die nur an dieser Stelle als Ganzes emotional erlebbar wird. Wir gelangen an Stützpfeilern aus dem Jahre 1857 vorbei (S. 63). Der Bau dieser Pfeiler war notwendig geworden, da die Exkremente des auf dem Wirtschaftshof gehaltenen Viehs durch das Erdreich nach außen drangen und die Mauern zersetzten.

An der Westbastion (Altan) fällt ein Gedenkstein mit einer verwitterten Bronzetafel für Ludwig II. auf. Die Inschrift lautet:

Hier erlegte am 3. November 1908 mit seiner letzten Kugel Se. Exzellenz Oberjägermeister Graf Ludwig v.d. Asseburg-Falkenstein I.starken Hirsch von 14 Enden.

Ein Jahr nach dem beschriebenen Ereignis starb Ludwig (s. Geschichte). An der Westbastion kragen Steinbalken hervor, die ein früher dort befindliches Holzhaus bezeugen. Die Bastion war ursprünglich an den beiden nach außen zeigenden Seiten eingeknickt, um die zwei Langseiten der Burg (Nord- und Südseite) besser einsehen und mit Fernwaffen beschießen zu können. Der Mauerknick an der Südseite ist noch vorhanden. In der Zeit der Nutzung der Burg als repräsentatives Jagdschloß im 19. Jahrhundert wurde der Altan als Kaffeeterrasse mit Pergola eingerichtet.

Wir wenden uns nun der Nordseite (Meisdorfer Seite) zu, die schon durch die Bemoosung der kälteren und feuchteren Felsen als solche erkennbar ist. Etwa auf der Hälfte der Nordseite zieht sich ein Felsriegel quer über den Weg. Hinter dem Felsriegel und gegenüber der beginnenden Außenmauer treffen im Mauerwerk der Burg verschiedene Baustile aufeinander: das Backsteinzimmer mit dem Erker von 1676, neogotische Fenster aus den Jahren um 1830 sowie eine kleine Ausfallpforte mit gewaltigem Sturzbalken aus Stein, die früher wahrscheinlich auf den Wehrgang des Felsriegels führte. An der Hauptschildmauer angelangt, haben wir die Burg einmal umrundet. Durch das Haupttor und über die rechts abbiegende, mehrfach gewundene Treppe gelangt man in die Burg hinein. Im Kassenraum befand sich früher die alte Küche.

Alte Küche und Innenhof der Kernburg

Die alte Küche besaß einen offenen Kaminschlot und war mit mehreren Herden ausgestattet. Noch heute erkennt man in der Decke die Gurtbögen für den Kamin, der sich bis zum Dach hochzog. Beachtenswert sind die alten Handstrichziegel auf dem Boden. Auch das gewaltige Küchenbrett ist noch vorhanden. Durch eine weitere Tür betritt der Besucher den Innenhof. Das sich nun bietende Bild eines geschlossenen Burghofes (S. 64), der durch drei miteinander verbundene Häuserflügel und drei unterschiedliche Türme charakterisiert ist, stimmt ein auf die Reise in das Mittelalter und die Renaissance.

Über 48 Räume befinden sich heute in der Burg. Früher waren es sogar 58; zehn Räume gingen durch Umbauten und Abbrüche verloren.

Im Zentrum des Hofes sehen wir ein kleines Brunnenhäuschen. Es schützt die ursprüngliche Wasserversorgung der Burg – die Zisterne. Sie reicht 20 Meter tief in den Grauwackefelsen hinein und sammelt das in den Felsspalten verborgene Wasser in einem breit ausgehauenen Steinbecken; dies war jedoch kein Trinkwasser, da das Quellwasser nicht erreicht werden konnte.

Deshalb heißt es in dem Inventar von 1586: »Weil auch das Wasser stets darin stehen bleibt und nichts abfließen kann, das es auch fast faul darin wird, brauchet man das nicht.« Aus diesem Grunde wurde das Wasser mit Eseln von der Selke über die Eselsstiege und von den Stauteichen in der Nähe des Reiterhofes Pansfelde geholt.

Pansfelder Seite der Burg (Süden)

Die drei Flügel der Kernburg

Die drei Häuserflügel der Kernburg besaßen wichtige Funktionen:

1. Das Herrenhaus mit den Fundamentbauten des wahrscheinlichen alten Palas diente den Freiherren und späteren Grafen als Wohnhaus; die alte Hofstube war Kutscherstube und Remise.
2. Das Frauenhaus nutzten die edlen Frauen; es beherbergt im Erdgeschoß die Kapelle.
3. Das Küchenhaus diente als Küche, Lager und Speisesaal.

Das Herrenhaus

Das Herrenhaus befindet sich genau gegenüber der alten Küche und weist auf die Meisdorfer Seite des dreiseitigen Bergsporns.

Den unteren Teil bildet ein romanisches Fundament mit zwei Kellerstockwerken. Der tiefere Keller birgt die zwei Palaskeller sowie den

Burghof im Sommer,
links das Frauenhaus, rechts das Herrenhaus

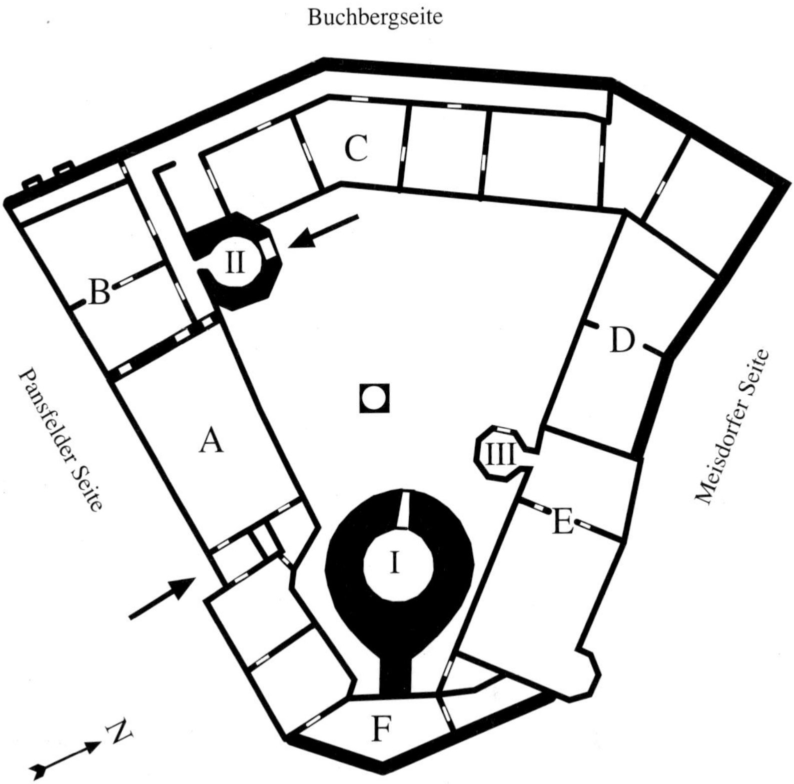

Grundriß der Kernburg

A Küchenhaus
Erdgeschoß: Kassenraum
Mittelgeschoß: Verwaltung
Obergeschoß: Rittersaal

B Dirnitz
Erdgeschoß: Verwaltung
Mittelgeschoß: Galerie
Obergeschoß: Margarethen- und Friedrichszimmer, Aborterker

C Frauenhaus
Kellergeschoß: Molkenkeller
Erdgeschoß: Kapelle
Mittelgeschoß: Schiefer Saal
Obergeschoß: Fräuleinsgang mit Kemenaten (Turmzimmer, Bauernstube, Katharinenstube, Annenzimmer), Spinndiele, Großes Fräuleinszimmer

D Herrenhaus
Erdgeschoß: Jagdsaal/Schwarzer Saal/ Königszimmer
Obergeschoß: Schwarzes Zimmer/ Kleiner Salon (ehemals neogotisch)

E Alte Hofstube
Erdgeschoß: Sonderausstellungen
Mittelgeschoß: Kutscherstube
Obergeschoß: Diele, Biedermeierzimmer/Arbeitszimmer des Grafen

F Schildmauer
Obergeschoß: Kasematten, Zugänge zu den Pechnasen, Weißes Zimmer/ Anrichte, Altes Archiv

I Bergfried
II Renaissanceturm
III Fachwerkturm

Zugang zum Sakristeikeller. Der Eingang dazu liegt in dem kleinen, überdachten Vorbau. Früher gab es einen Ausgang in die tiefer gelegene Hofecke.

Im oberen Kellergeschoß befinden sich vier Wirtschaftskeller. Der Zugang führt durch eine Tür direkt hinter dem kleinen Fachwerktreppenturm. Ein bei Rekonstruktionsmaßnahmen diagonal durch den Hof geführter Leitungsgraben zeigte überraschend, daß der Felsengrund nur 20 bis 30 Zentimeter unter dem Hofpflaster liegt. Eine Ausnahme bildet die Ecke zwischen Kapelle und Herrenhaus. Hier befand sich ursprünglich ein tiefer gelegener Eingang, dessen Mauerung von der inneren Kellerseite aus noch zu erkennen ist. Die These, daß die oberen Keller in der gesamten Breite das alte Erdgeschoß darstellen würden, erscheint damit zweifelhaft. Es fehlen jegliche Fenster. Allerdings fällt im zweiten Wirtschaftskeller ein romanischer Kamin auf. Auch die über 1,50 Meter starke Asche- und Schuttschicht mit eingelagerten Glas- und Keramikscherben (Grabung um 1955) deutet auf eine Nutzung im Mittelalter, vielleicht als Folterkammer für Brand- und Feuerfoltern. Noch bei der Verurteilung des Gattenmörders Stieler im Jahre 1607 wurde das Urteil erst gesprochen, nachdem dem Angeklagten die sogenannte »peinliche Frage« gestellt wurde. Das bedeutete, daß dieser zunächst gefoltert worden sein mußte. Über die näheren Umstände ist allerdings nichts bekannt.

Der Herausgeber der mehrbändigen Ausgabe »Das malerische und romantische Deutschland«, Wilhelm Blumenhagen, berichtet uns im Jahre 1841 von einer mündlichen Überlieferung bezüglich der Kellergewölbe: »Die mündliche Tradition spricht, über dieser geheimnisvollen Passage habe auf einer Fallthür eine spanische Jungfrau gestanden, eine jener von barbarischer Phantasie erfundenen Mordmaschinen, die in vielen alten Schlössern angetroffen wurden ... Dem Höflinge, der sich vergangen, dictierte man gnädigst die lind scheinende Strafe, die Jungfrau zu küssen. Näherte er sich jedoch dem hölzernen Frauenbilde in dem schwach erleuchteten Gemache, so setzte sein eigener Fußtritt geheime Federn und Räder in Bewegung, die ausgebreiteten Arme der gespenstischen Buhlin drückten sich um ihn und durchschnitten mit versteckten Klingen seine Weichen, und zahllose Dolchspitzen, die aus ihrem Busen hervorstanden, zerfleischten seine Brust; dann löseten sich die Arme der Maschine wieder, vor ihr sank eine Fallthüre nieder und das an unzählbaren Todeswunden verblutende Opfer stürzte, begleitet vom Hohngelächter verborgener Henker, in ein Verlies hinunter.«

Eine andere Deutung für die Keller sieht dort ein alchimistisches Laboratorium, daß sich ein Burgherr in der Zeit der Goldmacher einrichten ließ. Aus dem Jahre 1838 besitzen wir Berichte darüber, daß der Kastellan Besuchern ein derartiges Laboratorium zeigte.

Das Erdgeschoß des Herrenhauses wurde wahrscheinlich durch Bernd IV., genannt der Reiche, als Wohnsitz ausgebaut. Er besaß die Burg seit 1446 allein und wohnte auch auf dem Falkenstein. Möglicherweise handelt es sich dabei um den Bau, den er nach einer Inschrift im Jahre 1491 vollendete (s. Geschichte).

Die Gefache des Fachwerkbaus sind mit Bruchsteinen gefüllt. An den Türstreben deutet sich noch der gotische Spitzbogen als Kehle und Rundstab an. Die Hacklöcher links von der Tür könnten auf eine Verfahrensweise bei Erschießungen der Deserteure während des Dreißigjährigen Krieges deuten. Nach der Vollstreckung wurden die Kugeln oder das Schrot aus dem Holz herausgehackt.

Die einzelnen Räume besaßen zu verschiedenen Zeiten entsprechend ihrer Nutzung unterschiedliche Bezeichnungen: Im Erdgeschoß befanden sich zunächst der Jagdsaal (altes Speisezimmer, auch alter Rittersaal bzw. Schwarzer Saal genannt), nach dem Umbau im Jahre

Herrenhaus mit Eingang zum Kellergeschoß (links),
Zustand vor der Rekonstruktion von 1956

1830 die drei Königszimmer (Gästezimmer) mit eingezogenen Zwischenwänden und in den achtziger Jahren des 20. Jahrhunderts der Hauptraum der Dauerausstellung »Die Jagd gehört dem Volke«.

1830 wurde das Obergeschoß durch einen neuen Fachwerkbau ersetzt. Bezeichnend ist der Schwund der Balkendicke gegenüber dem Erdgeschoß: Baute man im 15. Jahrhundert noch mit 80- bis 90jährigen Eichen, standen im 19. Jahrhundert nur jüngere Bäume zur Verfügung. Im Obergeschoß waren das schwarze Zimmer (zur zeitweiligen Aufbahrung der Toten) und das gotische oder Nischenzimmer (auch kleiner Salon genannt, ursprünglich neogotische Bemalung und Einrichtung) untergebracht. Das Dachgeschoß war seit dem 19. Jahrhundert ebenfalls öffentlich zugänglich und beherbergt eine Geweihausstellung.

Die alte Hofstube

An das Herrenhaus schließt sich östlich die alte Hofstube an. Im Jahre 1676 vollendete Johann Bernhard I. diesen Bau, wie die Inschrift beweist:

Biedermeierzimmer

Wilhelm von Kügelgen,
Bernhardine von der Asseburg, geb. von Kerßenbrock,
mit ihrem Sohn Bernhard und ihrem Stiefsohn Ludwig,
1833

Johann Bernd v. d. Asseburg me aedificari fecit anno MDCLXXVI
Johann Bernd v. d. Asseburg hat mich baulich vollendet 1676

Im Erdgeschoß dieses Baus befanden sich, wie die Grundrisse aus der ersten Hälfte des 19. Jahrhunderts zeigen, folgende Räumlichkeiten: ein Entrée, eine Stube bzw. Kammer sowie ein Bedienstetenzimmer, das auch als Silberkammer oder Leniestübchen bezeichnet wurde. Hinzu kamen die Remise oder Kutscherstube. Im Mittelgeschoß wohnte der Kutscher.

Im Obergeschoß waren die Trinkstube/Biedermeierdiele untergebracht. Das heutige Biedermeierzimmer (S. 68) war bis zum Tode Friedrichs im Jahre 1940 das Arbeitszimmer des Grafen. In diesem 1938/39 umgebauten Herrenzimmer kann man den von Ignaz Pleyel gefertigten Hammerflügel betrachten, der durch eine Heirat von Paris aus auf den Falkenstein kam: Adelaide Gräfin Le Camus von Fürstenstein lebte Anfang des 19. Jahrhunderts in der französischen Hauptstadt. Für ihre Kinder, Adelheid und Adolph, bestellte sie Frédéric Chopin als Klavierlehrer. Dieser hatte 1839 einen Pleyelflügel gekauft und war überaus zufrieden damit. Er empfahl der Gräfin den Kauf eines solchen Instruments, und um 1855 wurde der mit Mahagoni und Bronze verzierte Flügel geliefert. Eine gestickte Decke in den Lieblingsfarben Chopins (türkis-rosa) zierte noch bis zum Ende des Zweiten Weltkrieges das wertvolle Möbel. Der Flügel wurde erst nach dem Krieg in das neugestaltete Biedermeierzimmer gestellt; er stand zuvor im kleinen Salon. Äußerst selten sind die wegen ihres halbrunden Unterteils Lyramöbel genannten Stücke (Schreibsekretär und Vitrine). In dem Raum findet sich auch ein schönes Gemälde der Biedermeierzeit: das Bildnis der Bernhardine von der Asseburg mit ihrem Sohn Bernhard und ihrem Stiefsohn Ludwig (S. 69). Es stammt von dem Ballenstedter Hofmaler Wilhelm von Kügelgen (1833).

Durch das Dachgeschoß der alten Hofstube kann man über die Fachwerkbrücke in den Bergfried und auf die Aussichtsplattform gelangen.

Frauenhaus und Kapelle

Das Frauenhaus befindet sich westlich oder von der Kasse aus gesehen links vom Herrenhaus und ist der Buchbergseite des Schloßberges zugewandt. Es wird im Erdgeschoß durch das Renaissanceportal des sechsten Tores geteilt. Links davon sieht man den Eingang zum sogenannten Molkenkeller, der nach der Pansfelder Vorzugsmilch, die hier verkauft wurde, benannt ist. Im rechten Teil des Frauenhauses fällt das mit Maßwerk versehene gotische Fenster der Kapelle auf. Diese gehört zu den ältesten Bauteilen der Burg. Bereits für das Jahr 1216 ist der erste urkundlich erwähnte Kaplan Ulricus nachgewiesen. Dies bedeutet, daß es in jener Zeit bereits eine Burgkapelle gab. In spätgotischer Zeit wurde die Kapelle zu einem quadratischen Raum mit Kreuzgratgewölbe umgebaut. Auch das ursprünglich dreibahnige romanische Fenster mußte einem Spitzbogenfenster weichen. Mit 28 Plätzen gibt die Kapelle uns einen Anhaltspunkt bezüglich der Anzahl der ständigen Burgbewohner. Außerdem ist sie der einzige Raum auf dem Falkenstein, der noch die originale Einrichtung aus der Renaissance besitzt. Einrichtung und Wandmalereien stammen von der Umgestaltung durch Augustus I. in den Jahren 1594 und 1595 (1832 und 1981 erneuert).

Der Gesamteindruck wird von dem Gestühl und der Kanzel sowie von der Renaissancemalerei geprägt. Letztere besteht aus Fruchtschnüren und Engelskindern im Stil einer Bauernmalerei. Der Altaraufsatz zeigt das Reliefbild der Grablegung Christi. Die Gemälde an der Empore stammen ebenfalls aus der Renaissance (1595) und sind wegen ihrer Inschriften besonders interessant:

1. Die Verkündigung
Ein Beispiel für die Erneuerung der Dinge
Wer hat Dir, Jungfrau, Gott zu eigen gemacht und als einen so Gütigen verliehen,
in äußerster Einfachheit liegt der Glaube.
Sei gegrüßt Maria, Du Gnadenreiche.

Unbekannter Meister,
Die Speisung der Fünftausend,
Emporengemälde in der Kapelle,
1595

2. Die Flucht nach Ägypten
Göttlicher Schutz
Gott findet für den, der sich mitten unter den Feinden befindet, Schutz,
mag er auch von der heimatlichen Erde verbannt sein.
Den Fliehenden zum Schutz.

3. Die Speisung der Fünftausend (S. 71)
Sichere Fürsorge
Wenn Du wichtigere Dinge von Gott forderst, dürfte es Dir an nichts fehlen,
wenn Du nach geringeren Dingen strebst, dann nimm an, daß nichts genug sei.
Der Hüter der menschlichen Schwäche, der Heiland.

4. Jakobs Traum
Des Menschen Göttlichkeit
Warum das menschliche Geschlecht so großer Ehre für würdig gehalten werde,
kann nur der sagen, der es zu bewirken vermag.
Gottes Menschenliebe gewidmet.

5. Das Isaaksopfer
Zeugnis des Glaubens
Nichts außer dem, was der Herr sagt, ist das Zeichen der Weisen,
und lasse niemals einen gesehenen Rat außer acht,
Gott dem Prüfer.

Der Künstler ist leider unbekannt, jedoch deutet der Stil der Gesichtsdarstellung auf eine Nähe zur Cranachschule hin. Die Kanzel zeigt Medaillonbilder der vier Evangelisten.

Das spätgotische Kruzifix teilt eine sich auf der Wand befindliche lateinische Inschrift, deren Anbringung der tief religiöse Augustus I. veranlaßte:

Schau, Knecht Gottes!
Schau mit Demut hierher!
Für dein Leben nur sterb ich:
Tod bezwinge ich durch Tod:

So haben mich Juden geschlagen,
Denn für dich häng ich am Kreuze;
es gibt keine größere Liebe.
daß ihn nicht leide der Mensch. 1595

Hinter dieser Wand befand sich die alte Patronatsloge, der Sitz des Freiherrn während der Gottesdienste. Eine spitzbogige kunstvoll mit Beschlägen verzierte Eisentür führt in diesen schmalen Zwickelraum. Tritt man ein, ist rechts in der Mauer mit der Inschrift und dem Kruzifix auf der Rückseite eine Bogennische zu erkennen. Darin fallen zwei zugemauerte Fenster auf. Vor dem höheren Fenster saß sicher ursprünglich der Freiherr, während neben ihm seine Gattin Platz nahm. In die gegenüberliegende Wand ist ein romanischer Lüftungs-

Seite 73:
Innenraum der Kapelle mit Kanzel und Kruzifix, 1594/95

ASPICE SERVE DE
ASPICE DEVOTE
VT VIVAS MORIOR
MORTEM MORTE DO
R HORET GOTTS WORDT

stein eingemauert. Er soll der Legende nach einen fensterlosen Raum belüftet haben, in dem die sogenannten Inklusen untergebracht waren. Im Mittelalter war es üblich, daß ein Diener oder eine Dienerin in einen kleinen ummauerten und fensterlosen Raum eingesperrt wurde, um dem Bauwerk Festigkeit und ewige Haltbarkeit zu verleihen. Die Maueropfer erhielten zwar Speise und Trank, durften jedoch ihre Zelle nicht verlassen.

Nachdem die Herrenloge im 17./18. Jahrhundert an die Wand über dem Eingang der Kapelle verlegt worden war, wurde der kleine Raum als Sakristei sowie später als Aufbewahrungsort für Urkunden und

Romanischer Lüftungsstein für einen fensterlosen Raum, Kapelle

Patronatsloge,
Schnitzarbeit mit dem von Engeln getragenen Wappen der Asseburger und der Freiherrenkrone, 17./18. Jahrhundert

andere wertvolle Dinge genutzt. Der Legende nach durfte niemand diesen Raum öffnen oder gar betreten, da sonst das Geschlecht der Asseburger auszusterben drohe.

Die neue, als Balkon angelegte Patronatsloge ziert eine aufwendige Schnitzarbeit, die von einem Schäfer in siebenjähriger Gefangenschaft gefertigt worden sein soll. Erst nach Beendigung seiner Arbeit, stellte man ihm in Aussicht, würde er seine Freiheit zurückerhalten. Das reich verzierte Schnitzwerk im bäuerlichen Barockstil zeigt zwei fliegende Engel, die das Asseburger Wappen mit der Freiherrenkrone in den Händen halten.

Die Anordnung der Plätze für den Gottesdienst spiegelt die gesellschaftliche Rangordnung der damaligen Zeit genau wider: Der Freiherr und spätere Graf saß in der am höchsten gelegenen Patronatsloge; es folgte seine Familie auf den Emporenbänken; erst als dritthöchste Persönlichkeit stand der Pastor auf der Kanzel; die männlichen Bediensteten durften auf den offenen Bänken links vom Eingang sitzen; den Schluß bildeten in den durch Gitter abgetrennten Priechen die bediensteten Frauen. Sie mußten während des Gottesdienstes schweigen. Das Gestühl war ursprünglich ebenso bunt bemalt wie die Kanzel. Die

Kapelle erfuhr im Jahre 1992 eine ökumenische Weihe und wird seither wieder für Gottesdienste, kirchliche Trauungen und Taufen genutzt. An der gegenüberliegenden Seite der Torkammer befindet sich die Grabplatte für Anna, die Tochter Johanns VIII. (S. 77). Sie starb 1543 im Alter von fünf Jahren.

Durch das Gewölbe wieder in den Hof zurückgekehrt, kann man das Obergeschoß des Frauenhauses vom Innenhof aus betrachten. Es ist das schönste Haus am Platz und gebührt zu Recht den Frauen. Der Bau erfolgte unter Heinrich III. zwischen 1540 und 1560, dem in dieser Zeit vier Fünftel des Falkensteins gehörten.

Zwei reich verzierte Giebel geben der langen Hausfront eine wohlproportionierte Vertikalgliederung. Ursprünglich war noch ein dritter Zwerchgiebel geplant; die Arbeit blieb jedoch in Ansätzen stecken.

Das geschnitzte Schmuckwerk der Fassade setzt sich aus verschiedenen Elementen zusammen: den Schiffskehlen, den Schnürrollen, den Halbrosetten (Sonnenräder), den Rauten und Swastikas (Hakenkreuze). 20 Gefache gliedern die 25 Meter lange Außenfront. Im Innern des Obergeschosses befinden sich sechs Räume: vier Kemenaten (das Turmzimmer, die Bauernstube, das Katharinenzimmer, die Annenstube) sowie am nordwestlichen Ende die Spinnstube und das große Fräuleinszimmer (Gerlindenzimmer). Um den letztgenannten Raum rankt sich die Geschichte vom »Goldenen Bett«: 1938 sollte die ehemalige preußische Kronprinzessin Cecilie auf die Burg kommen. Graf Friedrich erhielt Kunde von einem anderen Besuch Cecilies, bei dem sie mit ihrem Bett eingebrochen war. Dies veranlaßte den Grafen, nach Berlin zum Antiquitätenhändler Epstein zu fahren und ein neues Bett zu kaufen. Das Bett war aus verschiedenen Teilen zusammengeleimt und mit Goldbronze bestrichen worden. Schließlich mußte der stämmige Forstarbeiter Kluthmann das Bett durch einen kräftigen Schwung in seiner Festigkeit testen. Der Besuch verlief zum allgemeinen Wohlgefallen, die Sitz- und Liegemöbel hielten stand. Alle Zimmer des Obergeschosses sind miteinander durch Türen verbunden. An beiden Enden der langen Zimmerflucht befinden sich je ein Kamin, weshalb die Räume auch Kemenaten genannt wurden. Der Wehr- oder Fräuleinsgang ermöglichte den Zugang von den anderen Flügeln der Burg. Die sich in diesem Gang ursprünglich befindlichen Schießscharten wurden 1831/32 zu romantischen Sitzsteinen umgewandelt und 1936 mit bleiverglasten Fenstern versehen.

Im Mittelgeschoß des Frauenhauses befindet sich der sogenannte Schiefe Saal. Dieser bestand ursprünglich aus zwei Räumen, der großen Stube für die Burgherrin und der Kammer als Schlafraum. Von dort aus gelangt man über einen Zwickelraum direkt in die Patronatsloge der

Grabplatte der Anna von der Asseburg (1538?-1543),
ursprünglich in der Kapelle, jetzt im Torgewölbe des sechsten Tores

Der Schiefe Saal als Ausstellungsraum, Ansichtskarte, um 1900

Seite 78:
Frauenhaus mit Renaissanceturm

Kapelle. Augustus I. ließ im 16. Jahrhundert »seiner Frauen Stube mit Kalk« überziehen. Gemeint sind die im vorderen Teil des Schiefen Saales angebrachten wertvollen Stuckverzierungen an der Decke. Durch den Abbruch der Zwischenwand im Jahre 1826 entstand ein abgewinkelter Saal, der durch mehrere Holzsäulen gestützt wird.

Der Schiefe Saal diente seit der Öffnung der Burg für die Besucher am Anfang des 19. Jahrhunderts bis zum Jahre 1991 als einer der wichtigsten Ausstellungsräume. Zunächst wurden zahlreiche Waffen sowie eine Ritterrüstung gezeigt. In der Zeit des Jagdmuseums der DDR diente der Raum der Darstellung der Baugeschichte der Burg und ihrer Besitzer. Seit 1991 steht er wegen dringend notwendiger baulicher Restaurierungsarbeiten leer und soll für eine Ahnengalerie vorbereitet werden. Der Eckraum gegenüber dem Schiefen Saal gehört zu dem Dirnitz genannten Gebäudeteil. Dies war möglicherweise ursprünglich ein freistehender Wohnturm mit jeweils einem Raum in jeder Etage. Er wird heute von dem großen Treppenturm verdeckt. Im Erdgeschoß der Dirnitz befand sich nach den Inventaren des 17. und 18. Jahrhunderts ein Pferdestall; im Mittelgeschoß war für das Gesinde die große Hofstube eingerichtet, in der man heute eine Galerie besichtigen kann.

Rittersaal, Ansichtskarte, um 1900

Küchenhaus und Dirnitz

Die alte Küche haben wir bereits kennengelernt. Im Mittelgeschoß dieses Fachwerkgebäudes aus dem 16. Jahrhundert befanden sich die Rüst-, die Korn- und die Hopfenkammer. Schwere Geschosse sowie Mehlsäcke konnten mittels eines Galgens und einer Rolle hochgehievt werden. Die Doppeltür, durch die die jeweiligen Objekte von außen in die Kammern transportiert werden konnten, wird noch durch diejenigen Gefache angedeutet, bei denen das Holzkreuz (Andreaskreuz) fehlt. Später wurden diese Räume als Rentamt und nach dessen Überführung in den zum Schloß Meisdorf gehörenden Neubau als Kastellanswohnung genutzt. Gegenwärtig ist hier die Verwaltung des Museums untergebracht.

Das Obergeschoß beider Gebäude bilden der Rittersaal, das Margarethenzimmer und das Friedrichszimmer. Letztere erhielten ihre Bezeichnung vom Grafen Friedrich von der Asseburg-Falkenstein und seiner Frau, die während der Renovierungsarbeiten von 1910 bis 1912 ihre Wohn- und Schlafgemächer hier einrichten ließen. Der neue Rittersaal (S. 81) ist der eigentliche Festsaal der Burg. Er wurde 1877 als Bankettsaal eingerichtet. Dafür mußten die Durchbrüche für vier Eingänge geschaffen werden. Die zwei hinteren Türen führen in die Küche und boten dem Personal den Zugang beim Servieren der Speisen. Durch die vorderen Türen gelangt man auf den Flur und in das Margarethenzimmer. Die Stuckbänder und Medaillons wurden von Augustus I. in Auftrag gegeben und 1557 vollendet.

Rittersaal, 1993

Graf Friedrich ließ während der Renovierungsarbeiten der Jahre 1935 bis 1939 den Rittersaal mit neuen Dielen und bleiverglasten Fenstern versehen. Die Glasmalereien der acht Fenster zeigen mittelalterliche Motive sowie die Wappen und Namen wichtiger Mitglieder der Asseburger Familie. Die dunklen Deckenbalken waren ursprünglich mit Motiven der Stuckverzierungen an beiden Seiten dieses Raumes in bunten Farben in Schablonentechnik bemalt. Hinter dem Rittersaal führen die Räume in den Verteidigungsbereich der Burg – die Kasematten der Schildmauer. Im Mittelgeschoß des Bereichs hinter dem Rittersaal befindet sich noch der kleine Holzladen im Kamin. Hier konnten Lebensmittel in der sogenannten Hölle geräuchert werden.

Das Friedrichs- und das Margarethenzimmer sind miteinander durch eine Tür verbunden. Beide bilden das Obergeschoß der Dirnitz, dem Eckhaus zwischen Frauen- und Küchenhaus. Sie besitzen schöne Stuckverzierungen an den Decken, die aus dem späten 16. Jahrhundert stammen. Die Risse im Stuck zeigen noch die Länge der Holzmodel, in die der Gipsstuck gestrichen wurde (etwa 30 Zentimeter). Am Ende des Ganges war der Abtritt mit zwei nach außen kragenden Aborterkern eingerichtet. Dies beweist, daß sich an der westlichen Seite der Kernburg im Mittelalter ein großer Graben befand, in den die Exkremente aus den unten offenen Erkern fielen.

Durchschreitet man das Torgewölbe mit der Kapelle, kann man die Erker auf den Renaissancesteinbalken noch erkennen.

Die Türme

Die drei Türme bilden einen interessanten, vertikal gewichteten Kontrast zu den horizontalen Häuserflügeln innerhalb des Hofes (S. 82). Aber auch zueinander stehen sie wie drei ungleiche Brüder:

1. Der älteste und größte ist der Bergfried mit seinen prägnanten eisernen Spannringen.
2. Der große Treppenturm vertritt die Steinmetzkunst der Renaissance und besitzt ein ausgewogenes Verhältnis von vertikalen und horizontalen Bauelementen.
3. Der jüngste und kleinste Turm ist der Fachwerkturm.

Der Bergfried erhebt sich unmittelbar hinter der Schildmauer. Die Aussichtsplattform mit Geländer befindet sich in 24,50 Metern Höhe über dem Hofniveau. Der unterste Teil stammt aus dem Mittelalter und war ursprünglich rund. Die Bauinschrift an der Hofseite berichtet:

ANNO DOMINI 1592
HAT AUGUSTUS VON DER ASSE
BURG DIESEN THVRM RENOVI
REN UND XII ELLEN HOHER
MEVREN LASSEN.

ACH BLEIB BEI VNS HERR IHESVS CHRIST
WEIL ES NUN ABEND WORDEN IST
DEIN GOTLICH WORT DEIN EWIG LICHT
LAS IO BEI UNS VERLESCHEN NICHT.
B (Steinmetzzeichen) S

Der Raum im Erdgeschoß des Bergfrieds wurde als Verlies genutzt. Der Zugang führte über das berühmte Angstloch, durch das der Verurteilte an einem Seil herabgelassen werden mußte. Derartige »Bewohner« waren 1607 der Frauenmörder Stieler aus Dankerode, 1602 ein Amtmann der Burg, der wegen Veruntreuung verurteilt worden war, sowie 1779 die Kindesmörderin Voigtländer aus Molmerswende. Anläßlich der Baumaßnahmen am Turm fand man 1826 im Verlies schwere Eisenketten, menschliche Knochen, Stoffreste und Teile eines Gebetbuches. Von außen kann man in der Bergfriedmauer eine kleine holzgefaßte Öffnung erkennen. Sollten die Angreifer bis in den Hof gelangt sein, konnten die Burgbewohner über die ehemalige Zugbrücke (jetzt Fachwerkbrücke) in neun Metern Höhe in den Bergfried flüchten

Seite 82:
Bergfried und Fachwerkturm

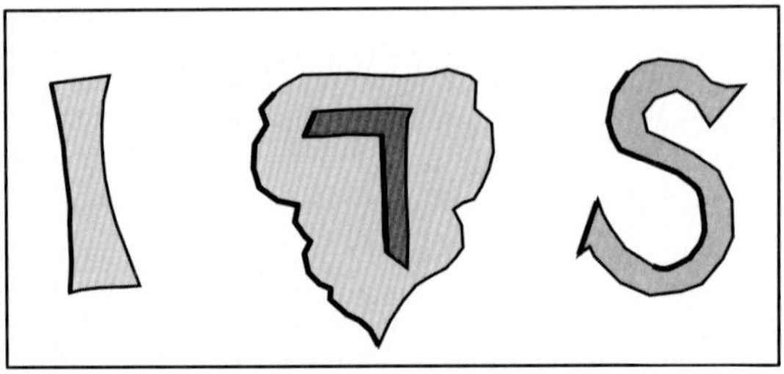

Jürgen — Steinmetzwinkel in der Kartusche — Schierer

Steinmetzzeichen am Durchgang zum Obergeschoß der Dirnitz, in die Treppenstufe gemeißelt

und den Feind von dort beobachten oder beschießen. Bei der Aufstokkung des Bergfrieds wurde wegen der langen Wege in der Burg ein Aborterker in luftiger Höhe an die nördliche Seite des Turmes angebaut. Der Bergfried war Anfang des 19. Jahrhunderts so baufällig, daß im Jahre 1826 die Sicherung mit einem eisernen Spannring am oberen Ende notwendig wurde. Die Zungenmauer zwischen Bergfried und Schildmauer stammt aus dem gleichen Jahr und diente ebenfalls der Stabilisierung des Bergfrieds von der Schildmauer aus.

Hundert Jahre später drohte der Turm erneut durch eine gewaltige Ausbauchung – die Chronik berichtet von anderthalb Metern – zu bersten. Graf Friedrich beauftragte den Mainzer Architekturprofessor Georg Rüth mit der Schadensanalyse und der Erneuerung. Dieser ließ um den gesamten Turm in kurzen Abständen Lote herab, um die Ausbauchung zu messen. Daraus leitete er die Höhen für die Ringe aus 1,80 Meter langen, miteinander vernieteten Eisenbänder ab. Der Bergfried mußte für die aufwendigen Arbeiten vollständig mit einer Holzkonstruktion eingerüstet werden (S. 50). Der schwierigste Ring direkt unter der Inschrift wurde am 23. Juli 1935 in Anwesenheit von Prof. Rüth angebracht. Eine ursprünglich geplante verdeckte Verlegung in das Mauerwerk hinein kam wegen des schlechten Bauzustandes nicht in Frage. Im Oktober 1993 brach erneut ein Ring auseinander. Die Reparatur ist an den neuen, gegenüber den anderen Ringen kürzeren Flacheisen erkennbar, aus denen der Ring zusammengefügt wurde.

Der große Treppenturm besteht aus übereinander gesetzten Wendelsteinen ohne Mittelsäule. Ihr Widerlager finden die Außenseiten dieser Steine in der achtseitigen Wand. Das für die Renaissance typische

Nischenportal trägt reiches Zierwerk mit den Wappen von Augustus und seinen beiden Frauen (Gertrud von Veltheim und Elisabeth von Alvensleben) sowie die Inschrift in Latein und renaissancezeitlichem Italienisch:

Anno Domini 1601
vivere da recte da bene Christe mori
GERTRVD·V·VELTHEIM·AVGVSTVS V·D·ASSEBURG .... AMEN

Der Steinmetz Jürgen Schierer hat an der Treppenstufe vor dem Eingang zu Rittersaal und Wohnzimmern sein Zunftzeichen (der Winkel in der Kartusche) zwischen den Anfangsbuchstaben seines Namens (J S) hinterlassen (S. 84).

Im Dachgestühl hängt die jüngere der beiden Burgglocken. Sie stammt aus dem Jahre 1501 und wird zu Trauungen und kirchlichen Anlässen noch heute geläutet. Die Glockeninschrift lautet:

anno domini mvci herbort de harderwieck me fecit
Im Jahre des Herrn 1501 Herbert von Harderwieck hat mich gemacht.

Der kleine Fachwerkturm entstand 1696, also nach dem Dreißigjährigen Krieg. Er nimmt sich deshalb bescheidener aus als der vor dem

Blick auf den Mittelhof und den Wirtschaftshof nach Westen

Krieg errichtete große Bruder. Durch seine dekorative Ausfachung mit unterschiedlichen Motiven bildet er jedoch eine spannungsreiche Ergänzung des Innenhofes. Die eigentliche Ursache für den Bau dieses Turmes war die Erbteilung von 1689. Beide Erben, Erasmus Augustus und Johann Ludwig, bewohnten den Falkenstein gemeinsam und teilten ihn durch eine bauliche Trennung, so daß der Bau des zweiten Treppenturmes die zwei Burghälften getrennt begehbar machte (s. Geschichte).

Der Wirtschaftshof

Zum Abschluß des Rundgangs gehen wir durch das Torgewölbe mit dem Kapelleneingang und verweilen im sogenannten Mittelhofzwinger auf dem ehemaligen Burggraben. Es bietet sich von hier aus ein guter Überblick auf den Wirtschaftshof. Auf dem Hof befanden sich nach Aussagen des Inventars von 1587 neben dem Krummen Tor ein kleiner Pferdestall mit Pultdach und entlang der jetzigen Zinnenmauer ein großer Kuhstall in Fachwerkbauweise für insgesamt neun Kühe. Im Dach des Kuhstalls war eine Kammer für die Meierin und ihre Kuhmägde eingerichtet. Neben dem Kuhstall stand noch ein Schweinekoben zum Mästen von 24 Schweinen. Daran schloß sich bis zur Westbastion (Altan) noch ein Pferdestall für sechs Pferde an. Bis zum Jahre 1780 stand auf der gegenüberliegenden Seite des Hofes das große Back- und Brauhaus. Der Backofen befand sich außen an der Schmalseite zum Altan hin. Es folgten der kleinere Gebäudeteil als Backhaus und der dreimal so lange Hausflügel der Brauerei.

Über den großen Graben an der Westseite der Kernburg führten früher zwei Zugbrücken. In der Zeit des Wohnschlosses Falkenstein (Renaissance) wurde der Graben unter Einbeziehung eines neugebauten Brauereikellers für 250 Faß Bier zugeschüttet. Zunächst handelte es sich um obergäriges Dünnbier, später um das berühmte »Falkensteiner Bier«, um das es Ende des 17. Jahrhunderts zum Bierkrieg zwischen den Asseburgern und der Gemeinde Meisdorf kam.

Direkt an der Mauer der Kernburg entstand das zweistöckige Amtshaus mit dem Rentamt und einer Gesindekammer. Die Fundamentmauern des Amtshauses konnten noch bei Ausgrabungen im Jahre 1994 wiederentdeckt werden. In unmittelbarer Nähe befanden sich die Böttcherei und das Badestübchen. Die Bauten auf dem Wirtschaftshof wurden Ende des 18. Jahrhunderts abgerissen. In der Zeit der öffentlichen Nutzung und der Königsjagden auf dem Falkenstein konnte der Besucher hier durch einen Park mit hochgewachsenen Bäumen wandeln und auf dem zu einer Kaffeeterrasse mit Pergola

Westbastion (Altan) mit Pergola

umgebauten Altan seinen Blick in das Selketal schweifen lassen. Die jetzt sichtbare Pergola stammt allerdings aus den achtziger Jahren unseres Jahrhunderts.

Erst 1951 ließ der Architekt Hermann Wäscher den Feuerlöschteich sowie das kombinierte Werkstatt- und Wohnhaus errichten. Im Oktober 1950 erstellte der Gartenbauinspektor Hein von den Schlössern und Gärten Wörlitz einen Plan zur Umgestaltung der gärtnerischen Anlage der Burg Falkenstein, der jedoch nie verwirklicht wurde.

Der Anschluß an das Trinkwassernetz (1994) ermöglichte den Abriß der Löschwasserbecken im Halsgraben vor der Burg sowie auf dem Wirtschaftshof.

Der Sachsenspiegel

Der Sachsenspiegel ist das bekannteste Rechtsbuch des Mittelalters und eines der ältesten Prosawerke in deutscher Sprache. Er erlangte bald gesetzesgleiche Bedeutung und fand als Vorlage für den Schwabenspiegel, den Deutschenspiegel und das Meißener Rechtsbuch weitere Verbreitung. Der Sachsenspiegel besitzt nicht nur rechtsgeschichtliche Bedeutung, er kennzeichnet zugleich einen ersten Höhepunkt in der Entwicklung einer einheitlichen niederdeutschen Schriftsprache und den Beginn einer Rechts- und Wirtschaftsprosatradition im deutschsprachigen Raum.

Eike von Repgow gilt als Verfasser des zwischen 1220 und 1235 entstandenen Werkes. In der Vorrede zur deutschen Fassung bedankt sich Eike ausdrücklich bei Graf Hoyer von Falkenstein, der die Übersetzung aus dem Lateinischen offenbar angeregt hatte. Diese Verbindung des Sachsenspiegels mit dem Falkenstein führte dazu, daß die Burg im Laufe der Zeit zum Ort der Verehrung des Sachsenspiegels und der deutschen Rechtsgeschichte wurde.

Wo und warum der Sachsenspiegel geschrieben wurde

Der Sachsenspiegel entstand im Flußgebiet von Elbe und Saale, dem heutigen Sachsen-Anhalt. Diese Grenzregion zwischen Germanen, Slawen und Thüringern entwickelte sich seit dem 7. Jahrhundert zum Zentrum der fränkischen und später der deutschen Geschichte.

Die Könige der Sachsen-Dynastie besaßen reiche Hausgüter im Harzvorland und nutzten diese, um ihre wirtschaftliche und politische Macht nach Osten auszudehnen. Seit dem 10. Jahrhundert begann dann die systematisch organisierte Ostexpansion und die Christianisierung der Slawen (Wenden). Noch heute erinnert die Bezeichnung Österreicher an die einst im Ostreich wohnenden Siedler. Zahlreiche slawische Wörter wurden in dieser Zeit in den deutschen Wortschatz aufgenommen: Grenze (granica), Gurke (ogorek), Peitsche (bicz) und Quark (twarog).

Das Völkergemisch im Saale-Elbe-Gebiet brachte sicherlich auch Schwierigkeiten im Rechtsverständnis mit sich, war die Rechtswirklichkeit doch überwiegend vom jeweils mitgebrachten Gewohnheitsrecht der einzelnen Siedlungsgruppen mit seinen Rechtssprichwörtern geprägt. Noch heute bilden diese Sprichwörter einen leichtverständlichen Grundstock für unser heutiges Rechtsverständnis:

Wer zuerst kommt, mahlt zuerst.

Bei einem Gerichtsprozeß war eine klare Funktionsteilung vorgeschrieben: Der Richter leitete den Prozeß, die Parteien führten den Prozeß und die Urteilenden (die Rechtschaffenden = Schöffen) entschieden den Prozeß. Das Schöffenamt war seit der karolingischen Zeit an den Grundbesitz im Gerichtsbezirk gebunden. Durch die starken Bevölkerungsmigrationen in die Kolonistendörfer des Unterharzes und die durch den Handelsverkehr begründeten Städte kam es zum Konflikt zwischen den unterschiedlich geprägten Rechtsauffassungen der Schöffen. Neben die Entwicklung der Rechtsauffassung durch jeden neuen Prozeß, wie wir sie heute noch in den angelsächsichen Ländern mit dem sogenannten *case law* finden, verstärkte sich im mittelalterlichen Deutschland eine andere Tendenz: Der Ausbau der Landesherrschaften förderte den Drang nach Gesetzmöglichkeiten der Großen des Reiches im Zuge ihrer Machtsicherung und Machterweiterung. Hinzu kam ein langsamer Umdenkungsprozeß vom im nachhinein gesetzgebenden zum vorschreibenden Recht. Dieser Prozeß ist mit den unterschiedlichen Rechtsauffassungen auf einem Gebiet verbunden: Die für sich logischen Rechtsgewohnheiten waren nicht geeignet, im Zusammentreffen mit anderen Rechtstraditionen zu einer zufriedenstellenden Lösung eines Falls zu führen.

Der Verfasser des Sachsenspiegels – Eike von Repgow

Zu den Kolonisten aus dem früheren Siedlungsgebiet im Westen hat vermutlich auch die Familie Eike von Repgows gehört. Der Name Repgow bezieht sich dabei auf das anhaltische Dorf Reppichau bei Köthen. Der Vorname Eike bedeutet nichts anderes als das heutige Heiko. In sechs Urkunden wird Eike von Repgow in den Jahren zwischen 1209 und 1233 genannt. Die früheste Urkunde (1209) mit der Nummer 779 des Codex diplomaticus Anhaltinus nennt einen Eicke de Ribichowe: An der Dingstätte (Gerichtsort) Mettine, dem Mettenberg nahe Zörbig, beurkundet Friedrich von Krosigk, daß die Burggrafen Johannes und Walter von Giebichenstein mit Zustimmung der Mutter und ihrer Erben die Burg Spören mit 170 Hufen Land der Bischöflichen Kirche Naumburg übereignen. Aus den verschiedenen Urkunden geht hervor, daß Eike ein edelfreier Dienstmann war. Zu Graf Hoyer von Falkenstein stand er wahrscheinlich im Verhältnis eines freien Vasallen, der sein Lehen teilweise von ihm erhielt (zwei Hufen aus dem

Vogteigut des Reichsstifts Quedlinburg). Die häufig geäußerte Behauptung, Eike hätte den Sachsenspiegel auf der Burg Falkenstein geschrieben, muß aus Mangel an entsprechendem Urkundenmaterial abgelehnt werden. Einzig seine selbst geschriebene Dankbarkeitsbezeugung im Vers 266 der Reimvorrede des Sachsenspiegels sowie das urkundlich belegte gemeinsame Auftreten mit Graf Hoyer von Falkenstein vor Gericht stellen eine Verbindung her. In einer wichtigen Handschriftengruppe, die vor 1270 entstanden ist, fehlt gar der Zusatz »Eike von Repgow es tat«. Aus diesem Grund kam es in den folgenden Jahrhunderten zur Legendenbildung über den Autor des Sachsenspiegels – die Karlssage und die Hoyersage zeugen davon. So behauptete bereits um 1325 der Rechtsgelehrte Johann von Buch, der das Rechtsbuch mit einem Kommentar (Glossen) versah, daß das Landrecht des Sachsenspiegels auf der Übersetzung des Privilegs beruhe, das König Karl dem Sachsenvolk verliehen habe.

Natürlich hat die Aura der sagenhaften hohen Autorschaft dazu beigetragen, daß der Sachsenspiegel allen Anfeindungen von seiten der Kirche und anderen Mächten widerstehen konnte. In den Verteidigungsschriften gegen die Anklagen des Magdeburger Augustinermönchs Klenkok (um 1368) stützt man sich ausdrücklich auf Karl den Großen. Trotzdem verwarf der Papst Gregor XI. 1374 in einer Bulle 14 Artikel (die sogenannten »articuli reprobati«) des Rechtsbuches, die beispielsweise den Zweikampf als Beweismittel betrafen. In einer um die Mitte des 15. Jahrhunderts geschriebenen Streitschrift »Informacio quaedam collecta ex privilegio seu Speculo Saxonum« aus Westfalen wird der Sachsenspiegel als das aufgeschriebene Recht Karls des Großen bezeichnet. Der Wittenberger Rechtslehrer Peter Heige konnte in seinem Buch über das Sachsenrecht (Quaestiones juris tam civilis quam Saxonici. Wittenberg, 1606) nachweisen, daß sowohl das Landrecht als auch das Lehnsrecht von Eike verfaßt worden ist. Jedoch erst die Feststellung Hermann Conrings in seinem berühmten Werk »De origine juris Germanici« (1643), daß man seit nahezu 300 Jahren allgemein an das Märchen von der Herkunft des Sachsenspiegels von Karl dem Großen geglaubt habe, verhalf der neuen Anschauung zum Durchbruch in Deutschland.

Im 18. Jahrhundert entstand die Hoyersage. Entsprechend der Denkweise der Zeit wurden Rang, Titel und Stand immer noch weit höher bewertet als Persönlichkeit und Können. Graf Hoyer von Falkenstein mußte nun als Autor herhalten. So schreibt Julius Bernhard von Rohr: »In der Historie der Gelehrsamkeit, ist vor anderen Graf Hoyer von Falckenstein berühmt, der ein Lehn-Mann von den Fürsten von Anhalt gewesen, ... er war ein gelehrter Juriste und hat durch Beystand

Urkunde der Übereignung der Burg Spören mit 170 Hufen Land
an die bischöfliche Kirche Naumburg,
Eike von Repgow unterzeichnet als 7. Zeuge, 1209

seines geheimden Raths, Eckonis von Rebkau, das alte Sächsische Recht in Ordnung gebracht und in das deutsche übersetzt.« (Geographische und historische Merkwürdigkeiten des Vor- und Unter-Hartzes. Frankfurt und Leipzig, 1735).

Diese wissenschaftlich nicht haltbaren Hypothesen wurden Anfang des 19. Jahrhunderts wieder aufgegriffen, um die touristische Anziehungskraft des Selketales mit der Burg Falkenstein zu erhöhen. So kam es zur örtlichen Fixierung auf die Burg Falkenstein als dem Ort der Aufzeichnung des Sachsenspiegels. Diese Auffassung wurde weithin durch Reiseschriftsteller und Journalisten verbreitet, entsprach sie doch dem Wunschbild der »Butzenscheibenromantik«.

Der Falkenstein entwickelte sich immer mehr zum Mekka für Rechtsgelehrte, Sachsenspiegelforscher und für interessierte Laien.

In den Jahren 1933/34 setzten die Nationalsozialisten auf Anregung des anhaltischen Staatsministers Alfred Freyberg Eike von Repgow

Gedenkstein für Eike von Repgow
an der Dorfkirche von Reppichau,
Eike wird fälschlicherweise als Autor
der Weltchronik bezeichnet, 1934

einen Denkstein an der Kirche von Reppichau und enthüllten den Gedenkstein vor der Burg Falkenstein (s. Geschichte). Aus der gleichen Zeit stammt das in farbiger Bleiglastechnik gestaltete Doppelfenster des Münchner Künstlers Staatsberger. Es zeigt Eike von Repgow und Hoyer von Falkenstein sich gegenüber sitzend. Unbestritten bleibt der Name des Verfassers des Sachsenspiegels – Eike von Repgow – und die dem Dank an Hoyer von Falkenstein vorausgegangenen Handlungen und Worte, die der Falkensteiner Graf an Eike gerichtet hat.

Der Inhalt und die Weiterentwicklung des Textes

In der Vorrede zu seinem Werk gibt Eike von Repgow uns Auskunft, warum er das Rechtsbuch Sachsenspiegel genannt hat:

»Spegel der Sassen«	»Spiegel der Sachsen«
Sal dit buk sin genant,	sei dies Buch genannt,
went Sassen recht is hir an bekant	denn Sachsenrecht wird darin erkannt
Als an eneme spegele de vrowen	wie in einem Spiegel die Frauen
er antlite scowen	ihr Antlitz beschauen.

Er erwähnt außerdem, daß er sich das Rechtsbuch nicht selbst ausgedacht hat, sondern das alte Gewohnheitsrecht aufschreiben wollte:

Dit recht hebbe ek selve nicht irdacht,	Dies Recht habe ich nicht selbst erdacht,
it hebbet van aldere an unsik gebracht	es wurde von alters auf uns gebracht
Unse guden vorevaren	durch unsere guten Vorfahren

Der Sachsenspiegel stellt kein systematisches Rechtsbuch im modernen Sinne dar. Vielmehr handelt es sich dabei um eine Sammlung von Rechtsgrundsätzen zum Lehnsrecht, zum Landrecht und zur Gerichtsordnung. Diese enthalten eine Beschreibung der Gliederung des deutschen Königreiches mit den zu je vier Gruppen zusammengefaßten Territorialfürstentümern, dem Verfahren der Königswahl, der Heerschildordnung, des Ehe- und Erbrechts mit differenzierten Regelungen zum Erben und Teilen, des Markt- und Handelsrechts, der Bau-, Straßenverkehrs-, Deich- und Hirtenordnung u. a.

Interessant erscheinen dabei die erstmaligen Festlegungen zum Rechtsverkehr auf den Straßen sowie die Tatsache, daß ein Mann die Verfügung über seine Liegenschaften verliert, wenn er nicht mehr von einem Baumstamm oder Stein auf ein Pferd steigen kann.

Eike von Repgow erwähnt in der Vorrede auch eine lateinische Urfassung, die immer wieder Gegenstand des wissenschaftlichen Streites war, da sie möglicherweise von Eike selbst vernichtet wurde, weil diese Fassung ein Mißerfolg war. Auf der Basis der ersten,

10 – 12

13–15

lateinischen Urschrift basiert die Zählung der Fassungen: Die zweite Fassung ist der Sachsenspiegel Eike von Repgows, die dritte wurde nach Eikes Tod durch Novellen erweitert. Die vierte Fassung entstand zwischen 1260 und 1270 in Magdeburg und gilt als Grundlage der weit verbreiteten Folgeschriften. Über 315 Handschriften des Sachsenspiegels sind erhalten geblieben, davon 106 in niederdeutscher, 112 in mitteldeutscher, 10 in oberdeutscher, 16 in niederländischer und 42 in lateinischer Schriftsprache.

Die Bilderhandschriften des Sachsenspiegels

Das besondere Interesse unter den Handschriften wecken die sogenannten codices picturati, die vier erhaltenen Bilderhandschriften des Sachsenspiegels: die Heidelberger (nach 1300, Universitätsbibliothek Heidelberg), die Oldenburger (1336, Niedersächsische Sparkassenstiftung, Landesbibliothek Oldenburg), die Dresdener (vor 1375, Sächsische Landesbibliothek Dresden) und die Wolfenbütteler Handschrift (nach 1375, Herzog-August-Bibliothek Wolfenbüttel). Sie alle basieren auf einer gemeinsamen Vorlage, die zwischen 1292 und 1295 im nordöstlichen Harzvorland entstand.

Seite 94:
Heidelberger Sachsenspiegel,
oben: 300 Sachsen haben Alexander dem Großen zum Sieg verholfen,
nach seinem Tod fahren sie nach Hause;
Mitte: Die Sachsen belehnen nach dem Sieg
über die Thüringer die Bauern mit Grundstücken;
unten: der Sachse (mit krummem Messer, dem Sachs),
der Franke (Mantel und Pelzkragen) und der Thüringer (Heringsesser)
und eine Frau: Jeder hat sein Recht und seine Pflicht vor dem König

Seite 95:
Heidelberger Sachsenspiegel:
oben: Wo man nicht unter Königsbann richtet, darf auch ein Graf urteilen,
nur der Wende und der Sachse dürfen nicht übereinander richten;
vor einem Grafenrichter stehen ein Sachse (mit Sachs),
ein Jude (Spitzhut und Bart), ein Franke (Pelz);
ein Wende (mit kurzem Haar und Beinriemen) steht abseits,
über ihn darf der Graf nicht richten;
Mitte: Zwei Wenden (mit verschränkten Händen,
d. h. sie sprechen nicht deutsch) verhandeln mittels deutschsprechenden
Stammesgenossen vor dem Richter;
unten: Ein Franke, zwei Wenden und ein Sachse
verlangen von einem Wenden, deutsch zu sprechen:
wer einmal deutsch geklagt oder geantwortet hat,
muß auch später deutsch antworten, außer vor dem König

Die vier farbigen Prachtausgaben sind mit Sicherheit nicht vor Gericht verwendet worden, sie dienten eher als Repräsentationsobjekte für den jeweiligen Auftraggeber. Die Illustrationen zeigen zwar ein zeitgenössisches Geschichtsverständnis, ihr Wirklichkeitsgehalt ist jedoch strikt dem Illustrationszweck untergeordnet.

Farben, Symbole, Gesten und vor allem die Kleidung dienen zur Unterscheidung der verschiedenen Rechtssubjekte und ihrer Rechtsbeziehung zueinander. Dies gilt jedoch nicht einheitlich für alle Bilderhandschriften. So wird bei einer Familiensache der Vater grün, die Mutter rot und das Kind gestreift dargestellt. Die Hand eines anderen ergreifen bedeutet, eine Sache beanspruchen, sie wegschieben, daß der andere nichts bekommt. Der Faden gilt als Zeichen der Bürgschaft: »Du mußt aufpassen, sonst mußt du zahlen!« Die gleichzeitige Darstellung von Sonne und Mond zeigt an, daß es sich um die Frist eines Tages handelt. Die Abbildung einer abgehackten Hand gemeinsam mit mehreren Geldstücken deutet auf ein sozial differenziertes Recht: »Entweder du zahlst, oder du bekommst die Hand abgehauen!« Die Beinstellung der richtenden Personen gibt häufig einen Hinweis auf die Art des Gerichtsakts: Gekreuzte Beine deuten auf einen Rechtsprechungsakt, parallel gestellte zeigen eine Belehrungssituation (»Seht, so sollte es sein!«).

Manche Symbole besitzen eine feste rechtliche Bedeutung (die Säule als Pranger), bei anderen hängt die Funktion vom Sinnzusammenhang ab (das Rad als Gebrauchsgut am Wagen, jedoch als Strafrad beim Rädern).

Einzelne Rechtssymbole haben sich bis in die Gegenwart erhalten. So bedeutete im Sachsenspiegel die Darstellung eines umgürteten Schlüssels die Gewalt über Haus und Hof, das Bürgerliche Gesetzbuch nutzt dafür den Begriff der Schlüsselgewalt.

Rechtsgrundsätze des Sachsenspiegels im heutigen Recht

Obwohl der Sachsenspiegel über 700 Jahre alt ist, haben bestimmte Grundsätze in weiterentwickelter Form bis heute ihre Rechtsgültigkeit bewahrt.

Insbesondere hat sich das Prinzip der Rechtshierarchie erhalten: War im Sachsenspiegel bereits das Landrecht dem Stadtrecht übergeordnet, steht heute das Völkerrecht über dem Nationalrecht, das Grundgesetz über dem Bundesrecht, dieses über dem Landesrecht usw.

Zu den aus der Sachsenspiegeltradition entstandenen Rechtsgrundsätzen zählt das Widerstandsrecht, das die Grenzen des gegenseitigen

Treueverhältnisses zwischen Lehnsherr und Lehnsmann regelt. Im Landrecht III 78 § 2 heißt es dazu:

»Der Mann muß wohl auch seinem König und seinem Richter widerstehen, wenn sie Unrecht tun, und wehren helfen in jeder Weise, selbst wenn es sein Verwandter oder sein Herr sei, und er verstößt dabei nicht gegen seine Treuepflicht.«

Im Grundgesetz der Bundesrepublik Deutschland, Artikel 20, findet sich das Widerstandsrecht erneut:

»(1) Die Bundesrepublik Deutschland ist ein demokratischer und sozialer Bundesstaat. ...

(4) Gegen jeden, der es unternimmt, diese Ordnung zu beseitigen, haben alle Deutschen das Recht zum Widerstand, wenn andere Abhilfe nicht möglich ist.«

Ein weiterer wichtiger Grundsatz moderner Rechtssprechung ist das Gleichheitsrecht. Im Sachsenspiegel finden sich dazu im Landrecht III 30 § 2 sowie III 69 § 2 die Formulierungen:

»Der Richter muß allen Leuten ein gleicher Richter sein.« ... »Urteil sollen sie nüchtern finden über jedermann, er sei deutsch oder wendisch, leibeigen oder frei.«

Der zugehörige Artikel 3 im Grundgesetz lautet:

»(1) Alle Menschen sind vor dem Gesetz gleich...«

Sehr genau wird die wichtige Frage erläutert, nach welchem Recht zu entscheiden sei. Hier erkennen wir den Drang nach einer Lösung für die verschiedenen Rechtsgewohnheiten auf einem Territorium, Landrecht III 33 § 5:

»Der König soll auch über Grundeigentum richten, nicht jedoch nach des Mannes Rechten, sondern nach denen des Landes, in dem es gelegen ist.«

Heute ist dies im Paragraphen 24 der Zivilprozeßordnung geregelt:

»(1) Für Klagen, durch die das Eigentum, eine dingliche Belastung oder die Freiheit von einer solchen geltend gemacht wird, für Grenzscheidungs-, Teilungs- und Besitzklagen ist, sofern es sich um unbewegliche Sachen handelt, das Gericht ausschließlich zuständig, in dessen Bezirk die Sache belegen ist.«

Bemerkenswert progressiv erscheinen die Ausführungen des Sachsenspiegels zur Schuldunfähigkeit, Landrecht III 3:

»Über Geisteskranke und über Schwache soll man auch nicht richten; wem sie aber Schaden zufügen, dem soll es ihr Vormund bezahlen.«

Im Strafgesetzbuch heißt es dazu in § 20:

»Ohne Schuld handelt, wer bei Begehung der Tat wegen einer krankhaften seelischen Störung, wegen einer tiefgreifenden Bewußtseinsstörung oder wegen Schwachsinns oder einer schweren anderen seelischen Abartigkeit unfähig ist, das Unrecht der Tat einzusehen oder nach dieser Einsicht zu handeln.«

Am stärksten wird die Widerspiegelung der historischen Situation mit zahlreichen verschiedenen Sprachen auf einem Gebiet in jenem Artikel des Sachsenspiegels deutlich, der den Anspruch auf rechtliches Gehör im Landrecht III 71 §§ 1, 2 behandelt:

»Jedermann, den man beschuldigt, kann sich weigern zu antworten, wenn man ihn nicht in seiner Muttersprache beschuldigt, wenn er Deutsch nicht versteht und dies beschwört.«

Eine ähnliche Regelung findet sich im Gerichtsverfassungsgesetz § 185:

»(1) Wird unter Beteiligung von Personen verhandelt, die der deutschen Sprache nicht mächtig sind, so ist ein Dolmetscher zuzuziehen. Ein Nebenprotokoll in der fremden Sprache wird nicht geführt; jedoch sollen die Aussagen und Erklärungen in fremder Sprache, wenn und soweit der Richter dies mit Rücksicht auf die Wichtigkeit der Sache für erforderlich erachtet, auch in der fremden Sprache in das Protokoll oder in eine Anlage niedergeschrieben werden. In den dazu geeigneten Fällen soll dem Protokoll eine durch den Dolmetscher zu beglaubigende Übersetzung beigefügt werden.«

Verbreitung und Geltungsdauer des Sachsenspiegels

Der Sachsenspiegel hat vor allem durch die Vermittlung Magdeburgs (Franziskaner, Ratmannen und Schöffen) eine weite Verbreitung gefunden. So diente eine Übersetzung in die oberdeutsche Sprache zwischen 1265 und 1275 als Grundlage für den Augsburger Sachsenspiegel, den Deutschenspiegel und den Schwabenspiegel.

Das Rechtsbuch wirkte durch die Spruchtätigkeit des Magdeburger Schöffenstuhls und die Übernahme in das vereinigte Magdeburger Weichbildrecht (Weichbildvulgata) weit nach Osteuropa hinein: von Görlitz, Breslau, Danzig, Oppeln, Krakau, Sandomir, Olmütz, Lemberg, Livland, Estland bis hin nach Kiev.

Trotz der abnehmenden Bedeutung des Sachsenspiegels seit der Einführung des Römischen Rechts im 16. Jahrhundert besaß er teilweise bis in die Neuzeit förmliche Rechtsgültigkeit: in Preußen bis 1794 (Landrecht) und bis 1850 (Lehnsrecht), in Sachsen bis zum Jahre 1865, in Thüringen, Teilen von Holstein, Lauenburg und Oldenburg sowie in Anhalt bis 1900, das Lehnsrecht wurde sogar bis 1919 angewendet.

Das Schloß Meisdorf

Das alte Rittergut

Am linken Ufer der Selke befindet sich, etwa eine halbe Stunde Fußweg von der Burg Falkenstein den Eselsstieg hinab, das Schloß Meisdorf. Der herrschaftliche Teil Meisdorfs (es gibt noch einen Gemeindeteil) gehörte neben Molmerswende und Pansfelde zu den wichtigsten Lehnsgütern der Falkensteiner, der Bischöfe und später der Asseburger. Aus diesem Grunde wurde die im Ampfurter Vertrag vom 12. September 1575 durch Augustus I. begründete Nebenlinie der Asseburger ausdrücklich »Meisdorf-Falkenstein« genannt.

Bereits 1184 werden die Dienstmänner von »Meyßtorp« als zum Falkenstein gehörig bezeichnet. Für das Jahr 1684 sind zwei Tore, ein Rathaus – zugleich Schenke –, ein Hospital und eine Badstube erwähnt. Es gab unabhängig vom Falkensteiner Rittergut drei Höfe in dem vom Rathaus und der Dorfkirche geprägten Dorfkern.

Das Gebiet des späteren Schloßparks ist vom Dorf durch den noch heute nicht vollständig bebauten Wiesengrund getrennt. Dieser Bereich gehörte im Mittelalter zu dem Ort Wertheim, einer deutschen Siedlung der frühfränkischen Zeit. Zuerst erwähnt wurde dieser Ort in einer Beschlußurkunde über die Zinspflicht zweier Sinslebener Einwohner; als Zeuge war ein »Bauer aus Wertheym« zugegen. Die urkundlichen Nachweise reichen bis in das Jahr 1487, als ein Heinrich Stammer mit zwei Höfen in Meisdorf belehnt wird. Danach verließen immer mehr Dorfbewohner ihre Heimat, Wertheim wurde eine Wüstung, deren Kirche ursprünglich auch für das jüngere Meisdorf zuständig war. Der Aufbau eines geschlossenen Rittergutes im Bereich des ehemaligen Wertheim ist Johann VIII. von der Asseburg zu danken, der sich 1546 das Vorkaufsrecht für die Güter der Meisdorfer Brüder Klaus und Erich Banse für deren Todesfall sicherte und damit das Vorwerk zu einem Rittergut erweiterte. In dem Amts- und Erbbuch aus dem Jahre 1586 sind als Meisdorfer Besitz genannt: »66 besessene Mann, darunter sieben Ackerleute und 59 Hintersassen, alle dem Amte zinsbar, 54 Hufen, elfeinhalb Morgen gehören dazu, darunter drei Hufen und 23,5 Morgen Pfarracker, drei Morgen Küsteracker, 25,5 Morgen Kirchenacker. Einiges liegt im Opperöder, Ballenstedter, Sinsleber und Ermsleber Felde. Die Banses haben noch männliche Güter und geben bei

Todesfall oder bei sonstiger Änderung Lehnswahre. Die anderen, die Erblehn von denen von der Asseburg haben, geben beim Lehnsfall doppelten Erbzins.« Auch das Vorwerk wird mit seinen Gebäuden und Funktionen genau geschildert.

Johann umgab das Rittergut mit einer sogenannten Wellerwand, das heißt, mit einem in die Erde eingegrabenen Gürtel aus Rundpfosten. Kam man zum Tor hinein, das sicherlich an einer anderen Stelle als jetzt gelegen war, befand sich rechts ein neues Gebäude von 24 Dachbalken (mittelhochdeutsch: Sparren) und unten in der Nähe der Selke drei Pferdeställe für die Pflugpferde. Daneben stand die Molkerei in unmittelbarer Nachbarschaft zu den zwei kleinen Gewölbekellern; beide Gebäude waren in Stein und Fachwerk aufgeführt. Im Dachbereich der Ställe befanden sich zwei Schüttböden für 150 Wispel (1 Wispel = 13,2 Hektoliter) Getreide oder ähnliches Schüttgut. Daneben wird ein 30 Dachbalken breites Gebäude erwähnt, in dem sich die Ställe für die Schweine, die Gänse, die Kälber und die Ochsen befanden; links davon ein 40 Dachbalken breiter, bis unter das Dach gemauerter Kuhstall für 60 Kühe.

Schloß Meisdorf, Schloßhof,
rechts die Galerie,
links das Neue Schloß mit Anbauten von 1910

Auf der gegenüberliegenden Seite standen die alte Fachwerkscheune und die aus Stein gemauerte Getreidescheune. Für die 20 Hufen (153 Hektar) Land wurden gehalten: acht Pferde, vier Pflüger, ein Hofmeister und ein Wechselhirt, der die Pferde in und aus der Weide brachte und hütete. Diese Dienstboten bekamen jeden Samstag auf dem Falkenstein folgende Ration: ein Pfund Speck, ein Pfund Butter, zwölf Käse und 28 Brote. Dafür war auch das gesamten Heu und das Grummet, das heißt, der getrocknete letzte Schnitt einer Wiese, zu mähen: an der Selkewiese (13 Fuder =107 Hektoliter Heu und 12 Fuder Grummet) ebenso an den Wiesen neben der Selke vom Vorwerk bis an den Hühnerhof unter dem Falkenstein (40 Fuder Heu, kein Grummet wegen der Trift); an der Wiese unter dem alten Falkenstein (30 Fuder Heu und 27 Fuder Grummet). Gelobt wurde in diesem Bericht die ertragreiche Rinderzucht zu beiden Seiten der Selke im »meisdorffschen Felde«. In guten Jahren soll der Ertrag neun Tonnen Butter und 18 Tonnen Käse betragen haben.

Hinter dem Rittergut lag die Schäferei mit zwei Ställen (40 bzw. 31 Dachbalken breit), die für 1500 Schafe und 120 Hammel neu gebaut worden waren; das Vieh der Knechte nicht mit gerechnet. Im Jahre 1585 wurden 3344 Kilogramm Wolle für 304 Taler verkauft. Davon gebührte der vierte Teil dem Schäfer als Lohn.

Mit der Erbteilung des Jahres 1689 zwischen Erasmus Augustus und Johann Ludwig von der Asseburg teilte sich die Grundherrschaft in ein Falkensteiner und ein Meisdorfer Gut.

Der Bau der Galerie

Am 31. Mai 1685 wurde Johann Ludwig von der Asseburg als Sohn von Johann Heinrich und Sibylle Brigitte von der Asseburg-Wallhausen auf dem Falkenstein geboren. Durch einen Vertrag zwischen Erasmus Augustus und seinen Vormündern erbte der erst vierjährige Johann Ludwig im Jahre 1689 das Meisdorfer Rittergut. Er bewohnte zunächst zusammen mit seinem Onkel und seiner Mutter noch den Falkenstein, wo sieben Jahre darauf der Fachwerktreppenturm errichtet wurde. In dieser Zeit brannte ein großer Teil des Meisdorfer Gutes durch eine gewaltige Feuersbrunst nieder. Johann Ludwig kam zum Neuaufbau jedoch erst nach Abschluß seiner Studien der Rechtswissenschaft, unter anderem bei Christian Thomasius in Halle im Jahre 1703.

Am 29. Januar 1708 heiratete er Anna Maria von der Schulenburg-Apenburg, wobei seine Frau 4000 Taler in die Ehe mitbrachte. Gemeinsam mit Anna Maria erbaute er in den folgenden zwei Jahren das wegen seines Holzbalkons an der Innenseite »Die Galerie« genannte Gebäude. Es handelt sich dabei um einen schlichten Steinbau mit insgesamt elf Fenstervertikalen (Achsen). Auf der dem Schloßgarten zugewandten Seite bilden die breite Galerie und die farbigen Wappen beider Eheleute (S. 104) charakteristische Elemente der Gestaltung.

Seit dem Neubau des barocken Wohnschlosses diente die Galerie bis 1910 als Gutspächterhaus. Nach dem Ersten Weltkrieg war das Gebäude nicht mehr bewohnt. Man lagerte darin Möbel, Geschirr und Porzellan. Im Erdgeschoß befand sich die Wildkammer, wo die Jagdbeute zerlegt und verkauft wurde.

An der schräg gegenüberliegenden Seite ließ Anna Maria nach dem Tod ihres Mannes ein Fachwerkhaus errichten, das wegen des Schloßneubaus vor 1769 abgerissen wurde. In der Galerie befinden sich heute die Zentralrezeption des Schloßhotels sowie das Restaurant »Altes Schloß«.

Achatz Ferdinand als neuer Bauherr

Johann Ludwig starb am 17. Februar 1732. Sein Sohn Achatz Ferdinand (1721-1797) schrieb dazu in einem kurzen Abriß über das Leben seines Vaters: »Einst ein reicher Mann, hatte er durch mancherlei Aufwand und Unglücksfälle sein Vermögen so zerrüttet, daß nach seinem Ableben seine Witwe nur durch große Klugheit und Sparsamkeit den geringen Teil .... retten und den Konkurs abwenden konnte.« Die von Achatz Ferdinand im Alter von elf Jahren gemeinsam mit seinen Brüdern übernommenen Erbschulden von über 100 000 Talern wurden noch durch die notwendigen Abfindungen an beide Schwestern erhöht. Die Vormundschaft über die noch unmündigen Kinder hatte der herzoglich braunschweigisch-wolfenbüttelsche Generalmajor von Stammer inne. 1749 starb der ältere Bruder Karl Heinrich Dietrich (1712-1749), und im Jahre 1752 schloß Achatz Ferdinand einen Erbvertrag mit seinem jüngeren Bruder Werner Friedrich Ludwig (1712 bis 1755) ab. Trotzdem war das Gut noch so hoch verschuldet, daß Achatz nur mit Hilfe seines ehemaligen Vormundes die Sequestration des Grundbesitzes verhindern konnte.

Am 21. Januar 1761 starb der Besitzer der Falkensteiner Hälfte der Patronatsherrschaft, August Friedrich, unverheiratet, und so konnte Achatz Ferdinand beide Güter wieder in einer Asseburger Hand vereinen (s. Geschichte). Obwohl auch diese Erbschaft mit über 100 000 Talern Schulden belastet war, gelang es dem neuen Besitzer 1763, ein ausgeglichenes Ergebnis von Zinslast und Ertrag zu erreichen. Allerdings konnte er aufgrund der schwierigen finanziellen Lage im Jahre

Wappen der Eheleute Johann Ludwig von der Asseburg
und Anna Maria von der Schulenburg an der Galerie, 1710

Seite 105:
Neues Schloß, Außenansicht mit Turm

zuvor nur ein kleines Sommerhaus als Residenz bauen lassen. Im Jahre 1921 errichtete an der gleichen Stelle Friedrich Graf von der Asseburg-Falkenstein ein Schweizerhaus, das als Oberförsterei bis zum Ende des Zweiten Weltkrieges diente und danach zum Gästehaus der SED-Kreisleitung von Aschersleben umfunktioniert wurde. Heute kann sich der Besucher in dem zu den Hotels im Park Meisdorf gehörigen »Forsthaus« bei ausgezeichneter Küche, Schwimmbad und Sauna erholen.

Die zunehmenden politischen Aufträge als Geheimer Conferenz-Rath bei König Christian von Hannover und später Russisch-Kaiserlicher wirklicher Geheimer Rat sowie die immer effektivere Verwaltung der Güter durch General von Stammer ermöglichten es Achatz Ferdinand schließlich, 1769 in Meisdorf ein neues Barockschloß bauen zu lassen.

Das spätbarocke Schloß bildet den baulichen Abschluß der Nordseite des Parks. Trotz der verbesserten finanziellen Lage ließ der Bauherr vor allem Abbruchmaterial von Gebäuden auf dem vorderen und dem hinteren Hof verwenden, darunter von einem als »Closter-Schuppen« bezeichneten Bau.

Als Architekt kommt der zu jener Zeit in Ballenstedt in Diensten stehende Anhalt-Bernburger Baumeister Johann Christian Huth (1726 bis 1804), der später noch für die Planung der Schlösser Langenstein bei Halberstadt (1777-1781) und Erxleben (1782-1784) verantwortlich zeichnete, in Frage. Ähnlich seinen späteren Entwürfen wählte Huth auch beim Barockschloß Meisdorf den Stil der schlichten Eleganz.

Die Eingangsgestaltung des alten Hauptportals umfaßte ursprünglich zwei Freitreppen, die seitlich zum höhergelegenen Eingang mit Brüstung führten. Nach den Umbauten der Jahre 1910/11 erhielt das Portal eine mit zwei Wangen versehene, breite Freitreppe. Ursprünglich führte zu diesem Haupteingang vom Dorf eine in drei Reihen bepflanzte Linden- und Kastanienallee. Erst 1911 wurde der neue Eingang an der Straßenseite errichtet.

Die Innenausstattung des Schlosses beschreibt ein Inventar von 1795. Erwähnenswert sind die Wandgestaltungen: im Festsaal bedruckte und bemalte Leinentapeten mit Blumen- und Rankenwerk auf blauem Grund und von gelben Streifen geteilt; daneben eine gewirkte Spanntapete mit ziegelfarbigem Muster sowie ein gewebter Wandstoff mit Blumendekor in weiteren Räumen. Die anderen Räume zierten einfache Papiertapeten mit farbigem Muster.

Zum Mobiliar zählten unter anderem 103 Tische, 273 Stühle, vier Kanapees (Sitz- und Liegesofa), 135 Schränke und Kommoden, 36 Spiegel, neun Stand- und Aufsatzuhren. Zur Ausstattung gehörten außerdem eine umfangreiche Tafelsilbersammlung aus verschiedenen Jahrhunderten – ein nicht geringer Teil davon in Augsburger Silber. Das Porzellan stammte aus den Manufakturen in Meißen, Fürstenberg, Berlin (KPM) und Triptis.

Im Schloß befand sich eine umfangreiche Handbibliothek mit über 1175 Büchern, die 1945 von der Universtäts- und Landesbibliothek Halle übernommen wurden.

Das Inventar der Kunstsammlung weist 53 Kupferstiche, sechs Gipsplastiken, 83 Gemälde – unter anderem das Bildnis der Zarin Katharina II. –, zehn Büsten, 32 Kupfermedaillons, 94 goldene und silberne Münzen, zwölf Uhren und zwölf Tabakdosen aus. Die Waffenkammer barg 44 Büchsen und Flinten, elf Paar Pistolen, sechs Stichwaffen, fünf kleine Geschütze und Jagdausrüstungen. Schließlich werden fünf Kutschen und zwei Schlitten genannt.

Kurz vor seinem Tode ließ sich Achatz Ferdinand dem Zeitgeist entsprechend am Hang des gegenüber dem Schloß gelegenen Klusberges eine aus Natursteinen geschichtete Grabpyramide errichten. Darin sind neben ihm seine Frau und die in jungen Jahren verstorbenen Söhne sowie die ersten drei Frauen Graf Ludwigs I., Anna Schulenburg, Constanze von Buttlar und Bernhardine von Kerßenbrock, beigesetzt worden. Nach dem Tode von Achatz Ferdinand im Jahre 1797 erbte August Ludwig Busso II. (1761-1816) das Schloß.

Schloß Meisdorf in den Jahren 1797 bis 1909

Bereits am 4. Februar 1793 hatte August Ludwig Busso einen Vertrag mit Achatz Ferdinand geschlossen, der es dessen Witwe, Anna Maria, geborene von der Schulenburg, erlaubte, weiterhin im Schloß verbleiben zu können. August Ludwig Busso war bereits Dompropst und wohnte in der Domherrenkurie in Halberstadt. So begnügte er sich bei seinen gelegentlichen Besuchen in Meisdorf mit einigen wenigen Zimmern des Schlosses.

Verschiedene im Erdgeschoß liegende Räume erhielten in jenen Jahren die Bezeichnung »Braunschweig-Stuben«. Dies hatte folgende Bewandtnis: In der Schlacht von Jena und Auerstedt wurde das preußische Heer am 14. Oktober 1806 von Napoleon vernichtend geschlagen. Der Oberkommandierende der preußischen Truppen, Herzog Ferdinand von Braunschweig, erblindete durch einen Schuß in die Augen und mußte flüchten. In den folgenden Tagen fand er im Schloß Meisdorf für einige Zeit Quartier. Aus diesem Grunde tragen die von ihm bewohnten Räume die Namen »Große und kleine Braunschweig-Stube«. Karl-Christoph Graf von Rothkirch beschreibt in seinem Buch »Meisdorf – Vergangene Bilder und Erinnerungen« diesen Bereich des Schlosses: »Die große Braunschweigstube war ein sehr elegant im Napoleon-III.-Stil eingerichtetes Fremdenzimmer mit einem ebenso ausgestatteten Salon. Fast immer waren die Zimmer verschlossen und verdunkelt. Nur zu besonderen Gelegenheiten kam man hinein.«

August Ludwig Busso II. starb an seinem Geburtstag, dem 11. April 1816, im Meisdorfer Schloß und wurde in der Familiengruft in Neindorf beigesetzt.

Das Erbe trat Ludwig I. Graf von der Asseburg-Falkenstein an. Er ergänzte den Schloßkomplex um eine aus Stein gemauerte Scheune

Großer Saal im Schloß Meisdorf,
an der Wand das Bildnis der Familie
des Achatz Ferdinand von der Asseburg (1721-1797),
Fotografie, vor 1945

gegenüber dem alten Herrenhaus, die sogenannte Tenne. Dadurch erhielt die Anlage die für die Barockarchitektur typische Hufeisenform.

Über einer ehemaligen gewölbten Eisgrube entstand 1824 nach Zeichnungen des Landbaumeisters von Anhalt-Bernburg, Johann Adolf Philipp Bunge, die Ermitage im Stil des Klassizismus.1834 kamen Wirtschaftsgebäude sowie das neogotische Mausoleum (Erbbegräbnis) unterhalb des Schweizerhauses an einem alten Stollenausgang (Mundloch) am Fuße des Klusberges hinzu (s. Karte). Im gleichen Jahr wurden die »Hochherrschaftlichen Schlösser zu Meisdorf nebst den daran stoßenden Grundstücken« vermessen, berechnet und kartiert. Die Gesamtfläche inklusive des Schweizerhauses auf dem Klusberg betrug damals 62 157 Morgen.

In die Zeit Ludwigs I. fällt die Ergänzung des Parks durch eine im Mägdesprunger Eisenkunstguß gefertigte Hirschgruppe, die einen zu Tode gehetzten Hirsch mit einem Hund zeigt. Die Hirschgruppe begründete den Ruhm der Mägdesprunger Hütte, die bereits 1821 mit dem Eisenkunstguß begann. Diese Großplastik wurde zweimal gegossen.

Großer Saal im Schloß Meisdorf
mit neogotischem Kamin
aus Eisenkunstguß (Mägdesprung),
Fotografie, vor 1945

Das erste Stück steht noch heute an der Wegebiegung zur Selketalchaussee in Mägdesprung. Der zweite Guß war eine Bestellung Herzogs Alexius Christian von Anhalt-Bernburg, des Eigentümers der Hütte, der sie Ludwig um 1844 zum Geschenk machte. Später erhielt Otto von Bismarck anläßlich eines Besuches eine nachgegossene Kleinplastik der Hirschgruppe von Graf Ludwig. Die große Hirschgruppe stand ursprünglich auf der Dorfseite des Schlosses. Erst 1925 wurde sie im Zuge von Umbauten auf die große Rasenfläche der Südseite gestellt, wo sie bis zu ihrer Zerstörung durch die amerikanischen Soldaten im Jahre 1945 zu besichtigen war.

Ludwig I. bemerkte einmal zu den das Schloß umgebenden »üppigen Wiesen«, daß »Parkanlagen im großartigen Stile nicht räthlich schienen, wo es als ein vergebliches Bemühen erscheinen mußte, der herrlichen sie umgebenden Natur durch Kunstanlagen den Rang abzugewinnen«. Er legte auch die großen Chausseen nach Harzgerode bzw. Ballenstedt an, die ursprünglich an beiden Seiten des Schlosses vorbeiführten. Im Jahre 1869 starb Ludwig I. und Ludwig August Busso

Konstantin erbte den Fideikommiß als Ludwig II. Graf von der Asseburg-Falkenstein.

Ihre heutige Baustruktur und Wegegeometrie erhielten Park und Schloß jedoch erst durch den Nachfolger, Graf Friedrich Deodat Georg, der das Erbe 1909 antrat.

Die Umbauten aus den Jahren 1910 bis 1912

Friedrich pendelte zunächst zwischen Groß-Rinnersdorf in Schlesien und Meisdorf im Harz hin und her, bis er mit seiner Familie im Frühjahr 1910 endlich seinen Wohnsitz auf der Burg Falkenstein nehmen konnte. Dort blieb die Familie bis zu jenem Zeitpunkt, wie Friedrich es in seinem Buch »Aus meinem Leben« beschrieb, da »das Meisdorfer Haus, nachdem der letzte Handwerker sein Treiben eingestellt, uns aufzunehmen bereit war...«. Ludwig II. hatte seinen Neffen Friedrich bereits auf zahlreiche notwendige Veränderungen in der Grafschaft hingewiesen, zu welchen dieser sich wegen seines hohen Alters nicht mehr entschließen konnte. So lag es in Friedrichs Händen, den ererbten Besitz zu erhalten.

Dabei waren der Falkenstein und das Schloß gleichermaßen von den gewaltigen Umbauten betroffen. In Meisdorf ließ Friedrich alle zwischen den Schloßbauten und der Selke gelegenen Wirtschaftsbauten abbrechen und im Bereich des Dorfes neu errichten. Die wichtigste Neuerung betraf jedoch die Chaussee, die ursprünglich durch den jetzigen Park zwischen dem alten Brauhaus und dem neuen Schloß führte. Sie wurde nach Westen an den Hang des Klusberges verlegt. Dadurch entstand ein großräumiges Freigelände, das man zu einem Schloßpark umgestaltete.

Nach Entwürfen des Architekten Max Brockert wurde der von Achatz Ferdinand erbaute Schloßflügel erweitert. Der Erweiterungsbau paßt sich durch die gewählten Dimensionen und die gleichen Gestaltungselemente fast unmerklich in das Schloßensemble ein. Der bedeutendste neue Bauteil ist zweifellos der quadratische Turm mit achteckiger Trompe und Kuppel. Im Winkel zur alten Hofseite hin entstand ein neobarockes Portal mit Volutengiebel und einer vorgelagerten Freitreppe. In die Tenne ließ der Bauherr Wohnungen einbauen.

Um das Jahr 1927 sollte den Gefallenen des Ersten Weltkrieges ein Denkmal in unmittelbarer Nähe der Meisdorfer Kirche gesetzt werden. Dies lehnte der Ortspfarrer Reichardt, der sich schon bei anderen Gelegenheiten gegen den Grafen gewandt hatte, jedoch strikt ab. Aus diesem Grunde stellte Friedrich seinen Grund und Boden vor dem Schloß zur Verfügung und ließ ein Denkmal im Stil der Grabpyramide von Achatz Ferdinand errichten. Seitdem 1994 ein neuer Adler aus der Ilsenburger Fürst Stolberg-Hütte das Denkmal ziert, ehrt es sowohl die Gefallenen des Ersten als auch die Opfer des Zweiten Weltkrieges. Im Jahre 1940 starb Friedrich, und sein Enkelsohn Lothar übernahm das Erbe. Graf Lothar von der Asseburg-Falkenstein-Rothkirch weilte nur noch bis zum Einmarsch der sowjetischen Armee in Meisdorf (s. Geschichte).

Die Enteignung des Schlosses erfolgte 1945. Das Verzeichnis des für die Sequestration gemäß dem Befehl Nr. 124 der Sowjetischen Militärverwaltung vorgesehenen Vermögens des Mansfelder Gebirgskreises gibt unter der laufenden Nummer 34 an: »Juristischer oder tatsächlicher Besitzer: Graf Lothar v. d. Asseburg-Falkenstein-Rothkirch, Meisdorf; Charakteristik des Vermögens: Schloß mit Rentamt, Beamtenhaus und zwei Wirtschaftsgebäuden, Park und Garten 9,91 Hektar; Inventar laut Verzeichnis: 200 000 RM; Feuerversicherungswert der Gebäude: 425 000 RM, Wert des Grund und Bodens einschließlich Park und Garten: 15 000 RM.« Das Schloß wurde nach der Enteignung bis zum Sommer 1946 zur Unterbringung von Rentnern und Waisen aus der schwer zerstörten Stadt Dessau genutzt. 1946 übernahm es das spätere Walzwerk Hettstedt als Erholungsheim. Seit dem 1. Januar 1954 ging das Heim in das Eigentum des Walzwerkes für Buntmetalle Hettstedt über. In einem Seitenflügel wurde jeden Sommer ein großes Kinderferienlager betrieben. In der Zeit des später zum VEB Stahl- und Walzwerk Hettstedt umbenannten Betriebes verfiel das Haus aufgrund des Mangels an Baumaterial und handwerklicher Arbeitskräfte zunehmend.

Nach der friedlichen Revolution und der deutschen Wiedervereinigung übernahm die Treuhand Sommerhaus und Schloß. Beide Komplexe wurden an die Ferdinand-Lentjes-Stiftung in Düsseldorf verkauft. Damit konnte der Stammsitz der Asseburg-Falkensteiner als geschlossenes Ensemble erhalten werden. Die Gebäude wurden renoviert, umsichtig mit Hilfe der Denkmalpfleger restauriert und zu den Hotels im Park Meisdorf mit umfangreichen Tagungsmöglichkeiten, Sportanlagen und einem kinderfreundlichen Ambiente umgebaut. Der von Graf Ludwig I. begonnene Strukturwandel des Asseburg-Falkensteiner Wirtschaftsgebietes, das seine Akzente stärker auf die einmalige Natur- und Kulturlandschaft mit ihren zahlreichen historischen Anziehungspunkten und einem reichen Naturraum setzt, hat damit wichtige Impulse bekommen.

Die Natur- und Kulturlandschaft Falkenstein

Die Burg Falkenstein und das Schloß Meisdorf sind eingebettet in eine durch Kerbsohlentäler und kleine Bäche gegliederte Hochfläche – das Selketal. Die Selke selbst entspringt westlich der Friedrichshöhe.

Entstehung und Aufbau des Selketals

Vor über 300 Millionen Jahren durchzog ein vom französischen Zentralmassiv bis zu den Karpaten reichendes, gewaltiges Faltengebirge Mitteleuropa – die mitteldeutschen Alpen, die mit ihrem südlichen Namensvetter nur den Namen gemein haben. Die mitteldeutschen Alpen werden auch als variskisches Gebirge bezeichnet. Das Gebirge besteht aus verschiedenen Schichten des Silurs, des Devons und des Karbons. Vor etwa 395 Millionen Jahren, in der Zeit des Devons, entstanden durch vulkanische Ergüsse die Diabase. Die graugrünen, zähen Gesteinsmassen sind noch an dem alten Steinbruch gegenüber der Jugendherberge zu erkennen. In der Karbonzeit entstand das Tiefengestein des Granites. Das gesamte Gebiet bildete eine Hochfläche, die bereits damals von der Selke durchschnitten wurde.

Am Ende der Kreidezeit, vor etwa 70 Millionen Jahren, kam die Erdkruste in stärkere Bewegung. Größere Erdschollen sanken ein, wie die Oberrheinische Tiefebene, andere wurden emporgepreßt. In der Außenzone der mitteldeutschen Alpen entstand so die Harzhochfläche, deren Höhe von Nordwesten nach Südosten abnimmt und schließlich in das Mansfelder Hügelland übergeht.

Das Selketal gehört zu der flacher gelegenen Harzgeröder Hochfläche mit der breit entfalteten Kuppe des Ramberges. Die feuerflüssigen Massen dieses ehemaligen Vulkans der Karbonzeit konnten beim Empordringen die damalige Erdoberfläche nicht durchbrechen. Sie erstarrten in der Tiefe zu Granit. Erst die jahrtausendelange Verwitterung ließ den Granit durch die Deckschichten des Diabas hervortreten.

Die verwitterten Gerölle und Schuttmassen wurden durch das Wasser in der Senke zwischen Ballenstedt, Opperode und Meisdorf, dem sogenannten Meisdorfer Becken, abgelagert. Das Becken ist bis zu 300 Metern mit roten Quarzitkonglomeraten, Sandsteinen, Schluffsteinen und einigen Lagen von Tuff (vulkanische Asche) gefüllt und

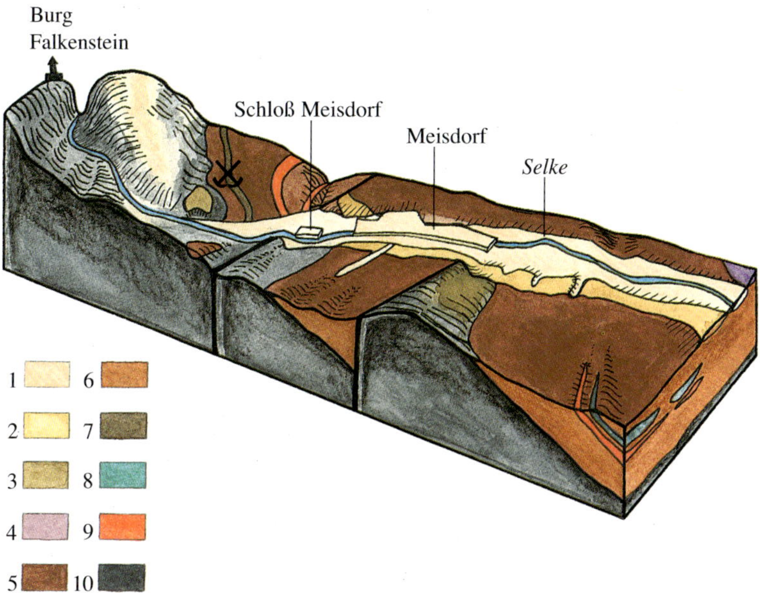

Geologischer Aufbau des Meisdorfer Rotliegendbeckens

1 Holozän
2 Selkehauptterrasse (Eiszeit)
3 Beckensedimente auf Gebirgsstandorten (Eiszeit)
4 Zechstein
5 Oberrotliegendes
6 Unterrotliegendes (Sandstein, Schluffstein und Einlagerungen)
7 Eingelagerter Steinkohlenflöz
8 Kalksteinbänke
9 Tuffbänke
10 Selkegrauwacke (Oberdevon)

bildet ein sogenanntes Rotliegendbecken. In der alten Ziegeleigrube am Ziegenberg und am Straßeneinschnitt gegenüber Schloß Meisdorf sind diese Schichten aufgeschlossen und erkennbar. Rings um das Becken findet sich im südlichen Bereich Grauwacke. All diese Steine wurden als Baumaterial sowohl für die Burg Falkenstein als auch für die Konradsburg in Ermsleben genutzt.

Im Meisdorfer Becken gab es auch ein aschereiches Steinkohlenflöz, das zwischen 1573 und 1869 abgebaut wurde und als Brennstoff für die Salinen in Halle und Staßfurt diente. Der Bergbau spielte im gesamten Selketal seit der Reformationszeit eine Rolle. So wurde am Fuße der Burg Anhalt Eisenerz geschürft. Das Eisenerzgebiet reichte vom Feuersteinsgrund bis zum Wilhelmshof sowie auf der anderen Talseite von den Jungfernköpfen bis zum Schirm. In dem gesamten Gebiet kann man noch heute trichterförmige Löcher, sogenannte Pingen, erkennen.

Im Mittelalter und der frühen Renaissancezeit suchten zwei bis drei Bergleute die an der Oberfläche ausstreichenden Erzadern auf und bauten sie einige Meter tief ab. Danach forschten sie in der Nähe nach weiterem Oberflächenerz. Im Jahre 1530 wird ein Kupferschieferbergwerk unterhalb der Burg Anhalt erwähnt. Im späten 16. Jahrhundert wurde dann der Kupferhammer errichtet, der dem Flecken noch heute seinen Namen gibt. 1572 baten Bergleute den Freiherrn von der Asseburg als Patrimonialgerichtsherrn um die Schürferlaubnis für den Tidian, ein Forstgebiet. Sie wurden mit Fundgruben und Erbstollen beliehen.

Die Grauwacke stellt eines der härtesten Gesteine im Selketal dar, das der Abtragung durch die Verwitterung besonders widerstand. Aus diesem Grund finden wir im Selketal zahlreiche Klippen und Steilhänge. Der Schloßberg mit der Burg Falkenstein besteht gänzlich aus Grauwacke (Kulmgrauwacke).

Durch das Emporheben der Harzscholle wurde die Tiefenerosion des bereits vorher bestehenden Selketales neu aktiviert. Der Fluß erreichte schließlich auch die tiefer gelegenen, harten Plattenschiefer zwischen Mägdesprung und dem IV. Hammer, einer alten Hammermühle. Dieser Bereich bildet das enge Selketal, während vom Scheerenstieg abwärts weichere Gesteinsschichten ein breites Wiesental entstehen ließen. Die Erosion durch das fließende Wasser führte außerdem zu zahlreichen Seitentälern, die als Aufstiege zur Harzgeröder Hochebene genutzt wurden (Scheerenstieg oder Feuersteinsgrund). Die Zertalung bewirkte die Entstehung von Bergspornen, die seit frühester Zeit als Baugrund für Befestigungsanlagen dienten (s. Geschichte). Die Selke fließt in vielfach gewundenem Lauf ins Tal. Teilweise sind die Böden allerdings schon erodiert und zeigen sich nur noch als Reste des alten Flußverlaufs auf den Wiesen mit Weiden- und Erlengestrüpp.

Am Scheerenstieg weitet sich das Selketal. Weicher devonischer Schiefer steht hier an. Diesen hat der Fluß ausgeräumt und dadurch ein 250 bis 300 Meter breites Tal geschaffen. Zwischen 1812 und 1834 wurde er als Baumaterial sogar künstlich abgebaut.

Genau an der Trennstelle zwischen engem und weitem Selketal wurde zur Beherrschung der Selketalstraße der alte Falkenstein errichtet. Dieser Standort ist günstig, weil sich das Tal hier besonders leicht sperren läßt.

Im Frühjahr kann die Selke durch die Schneeschmelze zu einem reißenden Fluß werden. Die zwischen dem Hotel »Thalmühle« und der Pension »Zum Falken« erkennbaren Geröllmassen deuten die Transportkraft des Wassers noch an.

Die Mühlen des Selketals

Die Wasserkraft wurde im Selketal über viele Jahrhunderte hin genutzt; davon zeugen zahlreiche Mühlen im Flußtal. Hinter der Mägdesprunger Eisenkunstgußfabrik lag die Mühle unter der Schalkenburg, einem Höhenrücken an der Straße nach Harzgerode. Im Jahre 1748 erwähnen Urkunden eine weitere Mühle unterhalb Mägdesprungs im Teufelstal; sie lag an der Stelle des nach 1777 von Fürst Friedrich Albrecht gegründeten I.Friedrichshammers (Hammerwerk). Weiter talabwärts befand sich bis in das 16. Jahrhundert hinein die Thankmarsfelder Mühle als Mahlmühle mit zwei Korngängen. Diese Mühle nutzte geschickt die natürlichen Verhältnisse: Das Wasser erhielt sie direkt aus dem Selkezufluß, ein seitwärts gebrochenes Wehr diente zur Ableitung der Schmelzfluten. Um 1089 soll an dieser Mühle der Markgraf Egbert von Meißen ermordet worden sein. Talabwärts folgt die 1728 erwähnte Scheerenstieger Mühle, die zum Amt Ballenstedt gehörte und bis 1833 als Mahlmühle mit zwei Korngängen und einem Ölgang diente.

Vor dem Meiseberg stand ursprünglich eine Nagelschmiede; darauf deutet jedenfalls das benachbarte Nagelbachtal hin. 1756 ist für diesen Ort eine Schneidemühle erwähnt, die nach dem Ersten Weltkrieg zum Landschulheim und später zur Station Junger Touristen beziehungsweise zur Jugendherberge umgebaut wurde.

Zwischen dem kleinen und dem großen Hausberg lag die zur Burg Anhalt gehörige Burgmühle. Ihre Geschichte reicht bis in das 12. Jahrhundert hinein; 1331 wird sie im Lehnsregister des Fürsten Bernhard III. als Lehnsgut des Konrad von Reinstedt erwähnt. Später erfolgte der Umbau zum Kupferhammer, auf dessen Kupferverarbeitung noch die Schlackenhalden hindeuten.

Im Jahre 1728 entstand die sogenannte »Neue Mühle« im Bereich der heutigen Selkemühle. Sie wurde auch »Leimufermühle« genannt und besaß noch 1833 zwei Mahlgänge. Heute befindet sich dort ein bekanntes Ausflugslokal. Etwas oberhalb der Selkemühle kann man ein schönes Echo erleben.

Am längsten in Betrieb war die Thalmühle am Fuß der Burg Falkenstein. Auf den verschiedenen Eselsstiegen brachten die Esel das Korn zu dieser Mahlmühle. Augustus I. von der Asseburg baute sie um 1592. Am Ende des 19. Jahrhunderts ist für die Thalmühle eine »Kundenmüllerei« belegt; der Thalmüller schickte seinen Wagen durch die umliegenden Dörfer und holte die Kornsäcke ab. Nach dem Mahlen brachte er das Mehl bis vor die Haustür. In der Nacht vom 8./9. Februar 1880 brannte die Mühle völlig nieder.

Seit 1880 wurde das Mahlwerk durch einen kleinen Holzschneidebetrieb ergänzt, den man 1891 wegen der unregelmäßigen Wasserführung der Selke auf Dampfkraft umstellte. Der Mahlbetrieb ging allerdings immer mehr zurück, so daß später eine zweite Dampfmaschine angeschlossen werden mußte. Das Sägewerk Thalmühle expandierte, und 1922 kam es zur Gründung der Firma Voigt & Co. KG mit Friedrich Voigt als Komplementär sowie dem anhaltischen Fiskus und Graf Friedrich von der Asseburg als Kommanditisten. 1972 übernahm der Staatliche Forstbetrieb Ballenstedt die Thalmühle, die bereits 1966 den Sägebetrieb eingestellt hatte. Später beherbergte sie zunächst einen Gashof und dann ein Ferienheim. Heute gehört die »Thalmühle« als Familienhotel zu den Hotels im Park Meisdorf.

Auch der jetzige Gasthof »Zum Falken« war früher eine Mühle. Sie diente der Papierherstellung und wurde urkundlich erstmalig 1757 erwähnt. 1851 ließ Graf Ludwig I. den zunächst auf der Burg eingerichteten Gasthof »Zum Falken« neben der alten Papiermühle erbauen. Im Jahre 1878 brach man die alte Mühle ab und errichtete eine neue auf der Basis von Dampfkraft sowie zwei Wasserrädern. Bereits 1879 brannte die Mühle völlig nieder. Mit der Elektrifizierung des Jahres 1895 wurde die Selke zum ersten Mal für die Herstellung von elektri-

Thalmühle, Sägewerk mit zwei Dampfmaschinen,
Fotografie, um 1900

schem Strom genutzt: Der Gasthof »Zum Falken« bezog seine Energie von einem großen Wasserrad. Seit 1936 gab es auch Planungen zum Bau einer Selketalsperre, die bis zum Bartenberg reichen sollte. Die Pläne wurden wegen der Energieknappheit der in DDR wieder aufgenommen. In den siebziger Jahren sollte mit dem Kraftwerk Selketalsperre die Filmfabrik Wolfen (ORWO) versorgt werden. Der Plan scheiterte an finanziellen Schwierigkeiten. Glücklicherweise blieb dadurch das wunderschöne Tal als Naturrefugium erhalten.

Die Pflanzenwelt des Selketals

Ursprünglich war im gesamten Unterharz der Laubmischwald am weitesten verbreitet. Noch 1710 wird im Forstkataster berichtet, die Wälder des Unterharzes »bestehen größtenteils aus Eichen, Buchen, Pappeln, Ahorn, Linden und anderen in Deutschland gewöhnlichen hohen Bäumen, unter welchen auch häufig Schwarze und Weiße Zwiesel- oder Waldkirschen und Kornelkirschen sich befinden, auch nachmals andere als der Kleine Ahorn (Feldahorn), die Haseln. Hergegen seien wenige oder faßt keine Fichten oder Tannen in diesen Gegenden anzutreffen«.

Hotel zum Falken,
Ansichtskarte, um 1900

Die Wälder waren damals noch keine Hochwälder im heutigen Sinne, in dem die Förster die Bäume zu gleichmäßiger Höhe wachsen ließen. Den Hauptbestand stellte in jener Zeit das Mittelholz, das eine mittlere Wuchshöhe zwischen Hoch- und Niederwald einnahm. Es gab ein etwas unregelmäßig verteiltes Unterholz von 12- bis 20jährigen Stämmen und darüber einen Oberstand von 50- bis 200jährigen Bäumen. Diese natürliche Lebensgemeinschaft wurde durch den Eingriff des Menschen verändert, seit die Weiden der Domänen im Jahre 1826 aufgehoben und um die Mitte des Jahrhunderts die Weideberechtigungen der Gemeinden abgelöst worden waren. In den Forstbeschreibungen jener Zeit tauchen als Nadelholz immer mehr die Fichte, die Kiefer und die Lärche auf. Das Ballenstedter Holz war bis 1840 bereits zu einem Viertel mit Nadelwald bewachsen. Dagegen vermieden die Asseburger bis in das 20. Jahrhundert hinein eine Nadelholzbepflanzung weitgehend, erst Graf Friedrich ließ Fichtenschonungen anlegen. Im Asseburger Forst war die Hauptholzart wie in Urzeiten die Traubeneiche. Sie bot Mastfutter für die Schweine und lieferte Material für die Wellen der Mühlen, für Brückenbohlen und -balken sowie das Holz für Böttcher und Wagner.

Als zweitwichtigste Baumart trifft man die Buche an; sie war jedoch wegen ihres dichten Laubdaches für den Oberstand großer Flächen nur wenig geeignet. Besonders das Gebiet um den Ramberg wird von der Buche beherrscht. Früher fanden außerdem Birke und Hasel weite Verbreitung. Insbesondere die Hänge des Selketals waren von der Winterbirke bewachsen. Holz und Reisig wurde an Bäcker, Besenbinder, Wagner, Töpfer und Pfeifenmacher verkauft. Die Hasel ist heute kaum noch zu finden. Sie diente nicht nur den Korbmachern; die Pulvermühlen nutzten bevorzugt Holzkohle aus Hasel- oder Lindenholz.

Das untere Selketal kennzeichnet eine häufige Änderung der Landschafts- und Vegetationsformen. Laub- und Mischwald wechseln einander ab. Eiche, Buche, Hainbuche bilden den Hauptbestand, daneben finden sich die Esche, der Bergahorn und vereinzelt die Ulme und die Wildkirsche. Als Unterholz sind Hasel, Traubenholunder, Weißdorn, Schlehe, schwarzer Holunder, Mehlbeere, Pfaffenhütchen, die Rote Heckenkirsche, der Teufelszwirn und ganz selten noch der Seidelbast anzutreffen.

Die Pflanzenwelt der Gräser und Kräuter ist im Selketal besonders artenreich. Das Gebiet ist durch ein Mosaik von Mittelgebirgswiesen, Waldsteppen und Felsheiden gekennzeichnet. So können die Blütenschmiele, das Bergrispengras, das Kapuzengras, der Riesenschwingel, das Honiggras, die Waldzwecke, das Knäuelgras und der Schafschwingel betrachtet werden. Besonders wertvoll sind die Vorkommen an Echtem Federgras auf einem so weit in den Harz hinein geschobenen Standort. An bestandsgefährdeten, geschützten Arten sind die Arnica montana (Selkesicht, Heinrichsburg), die Schopftraubenhyazinthe (Langer Fleck), die Sibirische Schwertlilie (Meiseberg), die Weiße Waldhyazinthe (Selkesicht) und das Echte Federgras (Selkesicht, Langer Fleck) unbedingt zu nennen.

Daneben finden wir von April bis August vor allem an den trockenen Südhängen um die Burg Falkenstein verschiedene Pflanzen: die Knoblauchsranke, das Vergißmeinnicht, den Ehrenpreis, die Weiße Wucherblume, den Storchschnabel, den Wachtelweizen, den Hahnenfuß, die astlose Graslilie, die Glockenblume, verschiedene Buschwindröschen, das Milzkraut, das Fingerkraut, die Bergplatterbse, den hohlen Lerchensporn, das Frühlingsscharbockskraut sowie einige Veilchengewächse und den Himmelschlüssel. Im April blüht der rosafarbene Schuppenwurz. Im Mai erscheinen auf den Wiesen einige Knabenkräuter sowie am Rande der alten Flußläufe die Gelbe Schwertlilie. Später im Jahr kann man sich an den auffälligen, schönen Blüten des Türkenbundes erfreuen. An den Hängen finden sich häufig die Wucherblume zusammen mit dem Gelben Fingerhut. Sehr selten ist dagegen die Akelei geworden. Am Ende des Sommers entfaltet die Prachtnelke ihre schwach violett leuchtenden Blüten. In großen Horsten steht die Pechnelke besonders in der Nähe des Reiterhofes Pansfelde, dem alten Hopfengarten. An den trockeneren Felshängen sind Dickblattgewächse wie die Fette Henne und verschiedene Mauerpfefferarten anzutreffen. Gleichartige Standorte lieben die hier vorkommenden Feldthymiane, das nickende Leimkraut, die Gelbe Hundskamille, der Dürrwurz und unterschiedliche Habichtskräuter. Auch der echte Baldrian findet sich häufig. Er wurde im 19. Jahrhundert in Pansfelde angebaut und sicherte den Bauern mit den kargen Böden der Pansfelder Flur ein zusätzliches Einkommen.

Die Tierwelt des Selketals

Die reiche Tierwelt des Selketales erschließt sich nicht auf den ersten Blick. Wegen der versteckten Lebensweise der meisten Tiere bedarf es der geduldigen Beobachtung und der Kenntnis der zahlreichen Tierarten.

Der Harzer Rothirsch war ursprünglich für das Gebiet prägend. Mit der Aussetzung der Mufflons aus Korsika und Sardinien und deren schneller Verbreitung besitzen die Wälder um das Selketal heute einen der größten Muffelwildbestände Europas. Man kann die Mufflons be-

Mufflon (Ovis ammon musimon)

Seite 121:
(1) Kleines Habichtskraut (Hieracium pilosella, gelb)
und Echte Steinnelke (Dianthus carthusianorum, rot),
(2) Ehrenpreis (Veronica spec.),
(3) Wechselblättriges Milzkraut (Chrysoplenium alternifolium),
(4) Busch-Windröschen (Anemone nemorosa),
(5) Echter Baldrian (Valeriana officinalis),
(6) Gemeine Pechnelke (Lychnis viscaria)

sonders gut in der Nähe des Lumpenstieges und im Winter auf dem Kammweg zur Burg Falkenstein beobachten. Zum Jagdwildbestand gehören außerdem noch Rehe, Wildschweine und die recht seltenen Damhirsche. Der Fuchsbestand ist trotz der intensiven Bejagung seit Jahren zu groß.

Bedeutsam sind die Bestände an Wildkatzen und an bestimmten Fledermausarten (unter anderem die kleine Hufeisennase). Die Fledermäuse sind in großer Zahl auf dem Falkenstein zu Hause und finden dort in den Mauerritzen und Balkenlöchern der Keller genügend Lebensraum. Zu erwähnen wären noch der Dachs sowie der Stein- und der Edelmarder; Wiesel und Mauswiesel sind selten. Unter den Lurchen

1

4

2

5

3

6

und Kriechtieren ist der schwarzgelbgefleckte Feuersalamander am häufigsten. Nach stärkeren Regengüssen kann man ihn bedächtig vorwärtsschreitend in großer Zahl auf den Wegen zur Burg Falkenstein entdecken. Seltener erscheinen die Bergeidechse, die Blindschleiche und die Glattnatter.

Im Sommer kann der aufmerksame Wanderer unterhalb der Brücken die Selkeforellen beobachten, die früher den Speiseplan der Burg bereicherten und auf dem Fischerstieg zur Burg Falkenstein gebracht wurden.

Besonders bedeutsam ist der Vogelreichtum, zu dem der Rote Milan, der Bussard, der Stieglitz, die Gebirgsbachstelze, der Kleiber, der Bunt-, Schwarz- und Grünspecht, die Gabelweihe, der Zaunkönig, der Gimpel, der Buchfink und äußerst selten der Uhu gehören. Ende der achtziger Jahre unseres Jahrhunderts wurde überraschenderweise eine 400 bis 500 Brutpaare umfassende Population von Mauerseglern im Selketal entdeckt.

In dieser Aufzählung darf natürlich der Falke nicht fehlen, der der Burg seinen Namen gab. Der Turmfalke ist einer der häufigsten Greifvögel unserer Heimat.

Unter den Schmetterlingen sind der Kaisermantel, der Perlmuttfalter, der Fuchs und das Tagpfauenauge erwähnenswert. Schließlich finden sich zahlreiche Schnecken an den Wegrändern – die Bernsteinschnecke, die Braune Wegeschnecke, die Schließmundschnecke, die Steinpickerin und an kalkreichen Stellen die Weinbergschnecke.

Aus der Literatur, den Forstkatastern und Zeitungsberichten wird deutlich, daß der Tierbestand sich über die Jahrhunderte verändert hat. Im Sachsenspiegel wird der Harz als einer der drei Reichsbannforste erwähnt, in denen wilde Tiere außer den Bären, den Wölfen und den Füchsen, die der Bevölkerung sehr vielen Schaden zufügten, geduldet wurden. Das Amts- und Erbbuch Falkenstein von 1586 gibt an, daß die Teiche des Rittergutes mit Karpfen, Carautzen (Karauschen) und Speisefischen besetzt worden waren. Besonders der zwischen Pansfelde und Falkenstein gelegene Schwendeteich sei aber gegen die zahlreichen Fischotter nicht zu verteidigen gewesen. Um 1780 mußte den Förstern der Nachtigallenfang verboten werden, den sie zuvor zum Nebenerwerb betrieben hatten. Am 23. März 1798 wurde der letzte Wolf nahe dem Plessenberg gesehen. Für den 18. März 1818 sind schließlich die letzten Belege für einen Luchs vorhanden.

Im Selketal wurde außer einzelnen Jagd- und Fangverboten zum ersten Mal am 30. März 1961 durch die Anordnung des Ministeriums für Landwirtschaft, Erfassung und Forstwirtschaft als Zentrale Naturschutzverwaltung ein 74,58 Hektar umfassendes Naturschutzgebiet ausgewiesen, das sich in einen Teil am linken Ufer und ein Gebiet am rechten Ufer der Selke gliederte. Am 21. Februar 1994 trat dann die Rechtsverordnung über das Naturschutzgebiet »Selketal« in den Gemeinden Pansfelde und Meisdorf (Landkreis Aschersleben-Staßfurt) in Kraft, die das Gebiet auf über 660 Hektar erweiterte. Der Besucher kann sich diese Naturlandschaft entweder allein, zu Pferde vom Reiterhof Pansfelde aus oder in Begleitung eines Jägers von der Jugendherberge aus erschließen.

Die Kulturlandschaft

Die Burg Falkenstein und Schloß Meisdorf sowie das vielbesuchte Naturschutzgebiet »Selketal« sind in eine Kulturlandschaft eingebunden, die dem Besucher ein vielfältiges Programm ermöglicht: Das G. A. Bürger-Museum Molmerswende, die Endorfer Mühle, das Naturschutzgebiet Friedrichhohenberg, die Meisdorfer Mühle, die Patronatskirche in Meisdorf sowie die alte Ziegelei, der Landschaftspark Degenershausen und die Konradsburg in Ermsleben gehören dazu.

Die Konradsburg in Ermsleben

Die Konradsburg in Ermsleben ist eng mit der Geschichte der Burg Falkenstein verbunden. Nachdem Burchard von der Konradsburg um 1115 seine Burg verlassen hatte, um sich auf dem Schloßberg den neuen Falkenstein errichten zu lassen, entstand in Ermsleben auf dem Burgberg ein Stift, das heißt, eine Kirche, die durch eine Schenkung Burchards begründet wurde. In jener Zeit siedelten sich dort die Augustiner-Chorherren an, deren Orden 1059 gegründet worden war.

Die Ursachen für die Klostergründung auf der Konradsburg sind vielfältig. Einerseits sicherte sich Burchard möglicherweise durch die Schenkung das Vogteirecht und damit weiteren Einfluß über Rechtsprechung und alle weltlichen Entscheidungen auf dem Lehnsgrundstück. Andererseits wurde um 1080 Graf Adalbert von Ballenstedt vom Vater Burchards, Egino von Konradsburg, in der Nähe von Westdorf/Aschersleben ermordet. Nach den weltlichen Gesetzen mußte von der Familie des Mörders an die Familie des Entleibten ein Manngeld gezahlt werden, das gewöhnlich für fromme Stiftungen verwendet wurde. Vielleicht erfolgten aus diesem Grunde in Ermsleben und in Ballenstedt zur gleichen Zeit Ordensstiftungen. Bereits seit 1133 war die Stiftung in Ermsleben ein Benediktinerkloster mit einer dem heiligen Sixtus geweihten Kirche. Im Jahre 1322 gab Graf Burchard VII. von Falkenstein die Vogteirechte ab. Das Kloster war wirtschaftlich immer weniger lebensfähig geworden. Schließlich erlaubte Papst Sixtus IV. am 15. Februar 1476 die Ansiedlung von Kartäusermönchen aus Erfurt.

Am 3. Mai 1525 nahmen aufständische Bauern die Kartause ein und plünderten die Vorräte. Seit 1530 stand das Kloster leer. Später wurde es zunächst an das Neue Stift Halle, an den Kanzler des Stifts, Christoph Türk, sowie an den mit ihm verwandten Heinrich von Hoym als Lehnsgut vergeben.

Im Jahre 1713 kaufte Preußen das Gut von den Hoymern und richtete eine verpachtete Staatsdomäne ein, die 1945 enteignet wurde. Heute befindet sich hier ein Museum mit hervorragend erhaltenen Bauteilen (Säulen und Kapitellen) der Romanik in der beeindruckenden Krypta der St.Sixtus-Kirche.

Der Landschaftspark Degenershausen

Der Landschaftspark von Degenershausen befindet sich zwischen der Burg Falkenstein und Neuplatendorf. Das Gut gehörte zu den königlich-preußischen Domänen, die Friedrich-Wilhelm I. (1688-1740) reformierte. Unrentable Güter wurden durch die General-Rechnungskammer meistbietend verkauft. Das Höchstgebot machte der Amtsrat Johann Christian Degener aus Braunschweig. Er ließ um 1835 das Herrenhaus und die Wirtschaftsgebäude, eine Brennerei und eine Ziegelei errichten.

Nachdem der Bau des Herrenhauses fertiggestellt war, ließ der Freiherr den über elf Hektar großen Landschaftspark mit über 110 Arten einheimischer und fremder Gehölze anlegen.

Im Jahre 1945 wurde das Gut enteignet und in die Rechtsträgerschaft des Mansfelder Gebirgskreises (seit 1952 Kreis Hettstedt) gegeben; 1989 ging das Gut in das Eigentum der Gemeinde Wieserode über, die seitdem den Landschaftspark in seiner ursprünglichen Größe und Ausstattung hergerichtet hat.

Der Besucher findet heute hier wieder Erholung in einem weitläufig angelegten Park, der durch seine offene Anlage besticht. Erwähnenswert sind die Weißtannen und Schwarzkiefern am Grab des Freiherrn von Degenershausen, die griechische Weißtanne, der Tulpenbaum und der japanische Schnurbaum.

Seite 125:
Konradsburg in Ermsleben, fünfschiffige Hallenkrypta, um 1200

Anhang

Besitzerliste der Burg Falkenstein

Burchard von der Konradsburg/von Falkenstein (gest. 1155)
Burchard von Falkenstein (1142-1174)
Otto I. von Falkenstein (erwähnt 1173-1200)
Hoyer von Falkenstein (erwähnt 1211-1266)
Friedrich von Falkenstein (erwähnt 1256-1277)
Otto IV. von Falkenstein (1281-1323)
Burchard VII. von Falkenstein (erwähnt 1287-1334)
Bistum Halberstadt unter Bischof Albrecht II. (Bistum als Lehnsherr bis 1806)
Grafen von Mansfeld (1427-1437)
Freiherren Busso und Bernd von der Asseburg sowie deren Vettern (seit 1437)
Bernd (1389-1456, seit 1446 alleiniger Besitzer)
Jakob (1447-1487) und Hans (1450-1489)
Hans (seit der Güterteilung von 1472 alleiniger Besitzer)
Bernd VI. (1451-1524)
Heinrich III., Hans III., Curd VI., Bernd VII., Johann VIII. (Fünftelteilung)
Johann VIII. (1508-1567, seit 1531 alleiniger Verwalter)
Heinrich III.(1532-1573, seit 1557 alleiniger Besitzer)
Augustus I., Ludwig III., Asche, Hans Ernst
Besitzteilung durch den Ampfurter Vertrag (1575)
Augustus I. (1545-1604, seit 1575 alleiniger Besitzer und Stifter der Meisdorf-Falkensteiner Linie der Asseburger)
Busso V. (1586-1646)
Augustus II. (1617-1658), Busso VI. (etwa 1626-1659)
Ganerbenschaft seit 1659
Johann Bernhard I. (gest. 1682, seit 1675 alleiniger Besitzer)
Johann Heinrich (1662-1689), Erasmus Augustus (1668-1728)
Johann Heinrich (1662-1689, seit 1684 durch Pacht alleiniger Besitzer)
Johann Ludwig (1685-1732), Erasmus Augustus (1668-1728)
Johann Bernhard II. (1696-1743)
August Friedrich II. (1700-1761)
Achatz Ferdinand (1721-1797)
August Ludwig Busso II. (1761-1816)
August Ludwig I. Graf von der Asseburg-Falkenstein (1796-1869)
Ludwig II. Graf von der Asseburg-Falkenstein (1829-1909)
Friedrich Deodat Georg Graf von der Asseburg-Falkenstein (1861-1940)
Lothar Graf von der Asseburg-Falkenstein (1914-1984)
Provinz Sachsen (Bodenreform von 1945)
Mansfelder Gebirgskreis (Verwaltung seit 1946)
Kreis Hettstedt (Rechtsträgerschaft seit 1952)
Land Sachsen-Anhalt (seit 1993)

Meinen Söhnen Jakob und Johannes

Für Hilfe und Unterstützung danke ich vor allem:
F. Graf von der Asseburg-Falkenstein, Dr. B. Fischbach,
Prof. J. Goydke, Präsident des Oberlandesgerichts Naumburg,
C. Groß, M. Kirchherr, P. J. Kleefisch, W. Knust, G. Linke, K.-Ch. Graf Rothkirch,
M. Gräfin Rothkirch, A. Sommer, Dr. A. Schliephake, H. Schneider,
G. Schön,G. Templin, P. Vickery, K. Walckhoff, U. Woßlick.

Umschlagvorderseite:
Luftbild der Burganlage von Osten
Umschlagrückseite:
Schloß Meisdorf, Farblithographie, um 1860
Frontispiz:
Burg Falkenstein von Osten

Bildnachweis (die Ziffern beziehen sich auf die Seitenzahlen):
Graf von der Asseburg'sche Verwaltung, Brakel (Archiv):
4 r., 17, 20, 34, 35, 40, 44, 45, 46, 79, 80, 81, 108, 109.
FL Hotel GmbH Düsseldorf: 101, 104, 105, 128 o., 128 u.
Frotscher-Archiv, Halle: 4 l., 5 u., 8, 9, 12, 14, 19, 27, 28, 29, 32, 33, 36, 37, 41, 52, 59, 65, 69, 74, 84, 85, 91, 92, 94, 95, 113, 121, Umschlagseiten 2 und 4.
Hannelore Gröschler, Harzgerode: 2. Wolfgang Knust, Oldenburg: 7, 71. Winfried Korf, Quedlinburg: 60. Landesamt für Denkmalpflege Sachsen-Anhalt, Halle: 50, 51, 53, 67.
Landesarchiv Magdeburg, Außenstelle Wernigerode: 47. Harald Lange, Leipzig: 5 o., 120. Studio für Fotodesign Lutz Pape: Umschlagseite 1. Siegrid Schütze-Rodemann, Halle: 125. Ute Karen Seggelke, Hamburg: 39, 57, 63, 64, 68, 73, 75, 77, 78, 82, 87.
Ursula Woßlick, Mannheim: 116, 117.

Die Deutsche Bibliothek - CIP-Einheitsaufnahme
Frotscher, Sven:
Burg Falkenstein und Schloss Meisdorf / Sven Frotscher
Leipzig: Ed. Leipzig, 1995
(Museen - Sammlungen - Denkmale)
NE: HST

Lektorin: Christabel Heisig
Zeichnungen: Birgit Frotscher
Satz: Dietmar Senf, Leipzig
Reproduktionen: Hans Herr, Urspringen/
Reprocolor Leipzig GmbH
Printed in Slovenija
ISBN 3-361-00434-9

Zimmer im Neuen Schloß

Bankett-Eindeckung im Musiksaal
(Altes Schloß)